BEI GRIN MACHT SICH WISSEN BEZAHLT

- Wir veröffentlichen Ihre Hausarbeit, Bachelor- und Masterarbeit

- Ihr eigenes eBook und Buch - weltweit in allen wichtigen Shops

- Verdienen Sie an jedem Verkauf

Jetzt bei www.GRIN.com hochladen und kostenlos publizieren

Tanja Feller

Pressekontaktmanagement - Anforderungen von Großunternehmen an Pressekontaktdatenbanken

Media Relations

GRIN Verlag

Bibliografische Information der Deutschen Nationalbibliothek:

Die Deutsche Bibliothek verzeichnet diese Publikation in der Deutschen Nationalbibliografie; detaillierte bibliografische Daten sind im Internet über http://dnb.d-nb.de/ abrufbar.

Dieses Werk sowie alle darin enthaltenen einzelnen Beiträge und Abbildungen sind urheberrechtlich geschützt. Jede Verwertung, die nicht ausdrücklich vom Urheberrechtsschutz zugelassen ist, bedarf der vorherigen Zustimmung des Verlages. Das gilt insbesondere für Vervielfältigungen, Bearbeitungen, Übersetzungen, Mikroverfilmungen, Auswertungen durch Datenbanken und für die Einspeicherung und Verarbeitung in elektronische Systeme. Alle Rechte, auch die des auszugsweisen Nachdrucks, der fotomechanischen Wiedergabe (einschließlich Mikrokopie) sowie der Auswertung durch Datenbanken oder ähnliche Einrichtungen, vorbehalten.

Impressum:

Copyright © 2008 GRIN Verlag GmbH
Druck und Bindung: Books on Demand GmbH, Norderstedt Germany
ISBN: 978-3-640-36027-7

Dieses Buch bei GRIN:

http://www.grin.com/de/e-book/130489/pressekontaktmanagement-anforderungen-von-grossunternehmen-an-pressekontaktdatenbanken

GRIN - Your knowledge has value

Der GRIN Verlag publiziert seit 1998 wissenschaftliche Arbeiten von Studenten, Hochschullehrern und anderen Akademikern als eBook und gedrucktes Buch. Die Verlagswebsite www.grin.com ist die ideale Plattform zur Veröffentlichung von Hausarbeiten, Abschlussarbeiten, wissenschaftlichen Aufsätzen, Dissertationen und Fachbüchern.

Besuchen Sie uns im Internet:

http://www.grin.com/

http://www.facebook.com/grincom

http://www.twitter.com/grin_com

Pressekontaktmanagement

Anforderungen von Großunternehmen an Pressekontaktdatenbanken

Diplomarbeit zur Erlangung des akademischen Grads Diplom-Journalist an der Fakultät Wirtschafts- und Sozialwissenschaften der Universität Hohenheim. Eingereicht am Lehrstuhl für Kommunikationswissenschaft insb. Kommunikationstheorie.

Diplomarbeit von Tanja Feller

Tanja Feller

5. Fachsemester
Studiengang: Journalistik

Hohenheim, den 10. April 2008

Inhaltsverzeichnis

Abbildungsverzeichnis III

Abkürzungsverzeichnis IV

1 Einleitung 1
   1.1 Ausgangssituation und Ziel der Arbeit 1
   1.2 Aufbau der Arbeit 3

2 Grundlagen und Einordnung der Arbeit 5
   2.1 Unternehmenskommunikation 5
      2.1.1 Unternehmenskommunikation in Abgrenzung zum Marketing 5
   2.2 Medienwirkung 8
      2.2.1 Lebenswelt, Medienrealität und Wahrnehmung durch die Bevölkerung 8
      2.2.2 Bedeutung der Medienwirkung für die Pressearbeit von Unternehmen 10
   2.3 Medienpraxis 10
      2.3.1 Die Medienlandschaft – Arbeitsumfeld von Journalisten und Redakteuren 10
      2.3.2 Erwartungen von Journalisten an die Pressearbeit von Unternehmen 12
   2.4 Pressekontaktmanagement 14
      2.4.1 Pressekontaktdatenbank als Voraussetzung für erfolgreiche Media Relations 14
      2.4.2 Bestandteile von Pressekontaktdatenbanken 15

3 Methodik zur Informationsbeschaffung als Entscheidungsgrundlage für die Empfehlung eines Pressekontaktanbieters 17
   3.1 Mündliche Befragung 17
   3.2 Schriftliche Befragung 18
      3.2.1 Stichprobe der schriftlichen Befragung 19
      3.2.2 Vorgehen 20
      3.2.3 Fragebogendesign 22
   3.3 Anbieteranalyse 24

4 Pressearbeit von DAX Unternehmen und Großbanken im Vergleich 26
   4.1 Organisation der Pressearbeit 26
      4.1.1 Mitarbeiter in der Presseabteilung 27
      4.1.2 Verwaltung und Nutzung der Pressekontaktdaten 28
      4.1.3 Pflege und Aktualisierung der Pressekontaktdaten 31

4.2 Nutzung von Pressekontaktanbietern 34
    4.2.1 Entscheidungsträger für eine externe Pressekontaktdatenbank ... 35
    4.2.2 Nutzung der verschiedenen Pressekontaktanbieter 36
    4.2.3 Zufriedenheit mit den Pressekontaktanbietern 39
    4.2.4 Nähere Betrachtung der Unternehmen, die ausschließlich einen externen Pressekontaktanbieter nutzen 41

5 Anforderungen an Pressekontaktdatenbanken 45

5.1 Anforderungen von Banken und DAX Unternehmen im Vergleich 45
    5.1.1 Anforderungen an den Inhalt der Pressekontaktdaten 46
    5.1.2 Anforderungen an das Aussendemanagement 48
    5.1.3 Anforderungen an die Software und den Service 50
    5.1.4 Wert von Extra-Leistungen 51

5.2 Anforderungen der Pressereferenten der LBBW 52
    5.2.1 Anforderungen an den Inhalt der Pressekontaktdaten 53
    5.2.2 Anforderungen an das Aussendemanagement 54
    5.2.3 Anforderungen an die Software und den Service 55

5.3 Festlegung konsensfähiger Gütekriterien für Pressekontaktdatenbanken 56
    5.3.1 Vorgehen bei der Bestimmung der Gütekriterien 56
    5.3.2 Begründung der definierten Gütekriterien 56

6 Entscheidung für einen Pressekontaktanbieter 59

6.1 Vergleich der Pressekontaktanbieter 59
    6.1.1 Anbieterübersicht nach Art der verfügbaren Dienstleistung 59
    6.1.2 Anbieterübersicht nach Erfüllung der Gütekriterien 61

6.2 Empfehlung eines Pressekontaktanbieters für die LBBW 62
    6.2.1 Pressekontaktanbieter in der näheren Auswahl 63
    6.2.2 Begründung der Empfehlung 64

7 Resümee und Ausblick 71

Literatur- und Quellenverzeichnis V

Anhang IX

Abbildungsverzeichnis

Abbildung 2-1: Funktionale Unterscheidung der Unternehmenskommunikation 6

Abbildung 2-2: Aufgabenfelder der externen Public Relations 7

Abbildung 2-3: Medienwirkung im Kontext 9

Abbildung 4-1: Rücklauf der Umfrage 26

Abbildung 4-2: Mitarbeiterzahl in der Presseabteilung 27

Abbildung 4-3: Verwaltung der Pressekontaktdaten im Vergleich 29

Abbildung 4-4: Verwender der eingesetzten Pressekontaktdatenbank 30

Abbildung 4-5: Häufigkeit der Aktualisierung eigener Pressekontaktdaten 31

Abbildung 4-6: Verantwortliche für die Pflege der eigenen Pressekontaktdaten .. 32

Abbildung 4-7: Durchschnittlicher Zeitaufwand für die Pflege interner und externer Pressekontaktdaten 33

Abbildung 4-8: Entscheidungsträger bezüglich eines Pressekontaktanbieters 35

Abbildung 4-9: Benchmark der aktuell genutzten Pressekontaktanbieter 36

Abbildung 4-10: Nutzung der Pressekontaktanbieter im Zeitverlauf 37

Abbildung 4-11: Zufriedenheit mit den verschiedenen Pressekontaktanbietern ... 39

Abbildung 4-12: Exklusiv genutzte Pressekontaktanbieter 42

Abbildung 4-13: Bewertung der exklusiv genutzten Pressekontaktanbieter 42

Abbildung 5-1: Anforderungen an den Inhalt der Pressekontaktdaten 46

Abbildung 5-2: Anforderungen an das Aussendemanagement 49

Abbildung 5-3: Anforderungen an die Software von Pressekontaktdatenbanken . 50

Abbildung 5-4: Wichtigkeit von Extra-Leistungen 52

Abbildung 5-5: Kategorisierung der Anforderungen an Pressekontaktdatenbanken 57

Abbildung 6-1: Übersicht der Anbieter von Pressekontaktdatenbanken 60

Abbildung 6-2: Anbieterübersicht nach Erfüllung der Gütekriterien 61

Abkürzungsverzeichnis

Aufl.	Auflage
dpi	dots per inch
DAX	Deutscher Aktienindex
DPRG	Deutsche Public Relations Gesellschaft
HTML	Hypertext Markup Language
IT	Informationstechnik
LBBW	Landesbank Baden-Württemberg
MB	Megabyte
PDA	Personal Digital Assistant
PR	Public Relations
Stellvertr.	Stellvertretender
Südd.	Süddeutscher
vs.	versus

Hinweis   Es gibt Anbieter von Pressekontaktsoftware, Pressekontaktdatenbanken und reinen Pressekontaktdaten sowie solche, die diese Leistungen aus einer Hand bereitstellen. Im Rahmen dieser Arbeit werden sie unter dem Begriff Pressekontaktanbieter zusammengefasst.

1 Einleitung

1.1 Ausgangssituation und Ziel der Arbeit

PR-Praktiker sind sich einig: Unternehmenskommunikation mit vielen Stakeholdern erfordert auf die jeweilige Zielgruppe abgestimmte Kommunikationsmaßnahmen. Der Zielgruppe der Journalisten muss in diesem Zusammenhang besondere Bedeutung beigemessen werden, da Unternehmen immer weniger direkt, sondern zunehmend indirekt über die Medien mit ihren verschiedenen Teilöffentlichkeiten kommunizieren. Für den Unternehmenserfolg ist es folglich unerlässlich, Pressekollegen als Kooperationspartner im Kommunikationsprozess zu begreifen und durch gezielte Pressekontaktpflege ein gutes Verhältnis zu Journalisten aufzubauen, um Eingang in die mediale Berichterstattung zu finden.

Während Pressearbeit früher dadurch genügte, Pressevertreter nach dem Gießkannenprinzip mit Presseinformationen zu versorgen und in Form von Karteikarten zu verwalten, zwingt die steigende Zahl von Medien und die wachsende Mitarbeiterfluktuation auf beiden Seiten die PR-Branche zum Umdenken. Im Zeitalter häufig wechselnder Mitarbeiter kommt es darauf an, alle Kontakte automatisch zu speichern und langfristig in einer Kontakthistorie zu dokumentieren. Nur so lässt sich vermeiden, dass bei einem Personalwechsel wichtige Informationen verloren gehen oder „Karteileichen" im Adressbuch schlummern. Was in der Werbebranche längst Usus ist, Kommunikationsbotschaften so zu konzipieren und verpacken, dass der Konsument sie trotz zunehmender Informationsflut und damit einhergehender wachsender Abwehrhaltung wahrnimmt, muss fortan auch bei der Pressearbeit Einzug halten. Unternehmenskommunikation soll sich an den Bedürfnissen der Journalisten ausrichten, um Beachtung zu finden. Es gilt, Unternehmensmitteilungen personalisiert und unter Berücksichtigung individueller Vorlieben des jeweiligen Journalisten bedarfsgerecht und gezielt zuzustellen. Gezielt bedeutet, dass es nicht damit getan ist, einen Verteiler mit Medien oder Journalisten zu kaufen und wahllos nach dem Prinzip „Viel bringt viel" anzuschreiben oder über einen Agentur-Service bzw. eine Presseagentur

Hunderte von Journalisten mit einer Pressemitteilung zu behelligen. Vielmehr sollen Ideen des Direktmarketings und Controllings in die Öffentlichkeitsarbeit einfließen. Professionelle Pressearbeit erfordert eine Segmentierung der Zielgruppen bei Aussendungen nach dem Motto "mehr Klasse statt Masse" und den Aufbau eines langfristigen Beziehungsmanagements. Es ist offensichtlich, dass handgestrickte Lösungen zur Verwaltung der Pressekontaktdaten die gewachsenen Anforderungen an die Pressearbeit von Unternehmen nicht länger erfüllen können. Pressekontakte müssen professionell verwaltet werden.

Mittlerweile haben sich zahlreiche Dienstleister am Markt etabliert, die Unternehmen bei ihren Media Relations kompetent zur Seite stehen und aktuell recherchierte Pressekontaktdaten sowie die Pressearbeit unterstützende Software und Serviceleistungen zur Verfügung stellen. Die Angebote sind meist modular aufgebaut, wobei sich die Produktpalette der einzelnen Anbieter in Umfang, Aktualität und Reichweite der bereitgestellten Kontaktdaten und Funktionen stark unterscheidet. Das Dickicht der von Anbieter zu Anbieter unterschiedlich geschnürten Leistungspakete und die für Außenstehende häufig unübersichtlich gestaltete Preisstruktur lassen bei an der Optimierung des hauseigenen Pressekontaktmanagements interessierten Unternehmen Fragen offen: Was kann bzw. muss eine professionelle Pressekontaktdatenbank leisten? Welche Pressekontaktanbieter gibt es? Wer ist Marktführer? Interessant wäre zu erfahren, wie andere Unternehmen ihre Pressekontakte managen und wie zufrieden sie mit der eingesetzten Lösung sind. Welche Erfahrungswerte bestehen mit den verschiedenen Produkten? Und nicht zuletzt, welcher Anbieter ist für das eigene Unternehmen der Richtige?

Die Landesbank Baden-Württemberg (LBBW) steht vor genau diesen Fragen. Die bisherige hausinterne Lösung zur Verwaltung von Pressekontaktdaten hat sich als ineffektiv und fehleranfällig erwiesen. Zurzeit werden in der Presseabteilung zwei Datenbanken und Pressekontaktanbieter parallel eingesetzt, die verschiedene Datensätze enthalten. Dies bedingt eine zeitaufwendige und doppelte Datenpflege, für die es keinen Verantwortlichen gibt. Aktualisierungen werden von einem wechselnden Personenkreis vorgenommen, was die Nachverfolgung der Änderungen unmöglich macht. „Karteileichen" und Doppelterfassungen sind die Folge. Darüber hinaus wird die personalisierte Ansprache von Journalisten von dem Datenbanksystem in der aktuellen Form nur bedingt unterstützt, so dass Pressemitteilungen häufig über das Redaktionsfaxgerät beim Journalisten eingehen. Eine Kontakthistorie oder Funktion zur Teilnehmerverwaltung bei Veranstaltungen besteht nicht. Diese würde die Pressearbeit aber deutlich erleichtern. Nun soll ein externer Pressekontaktanbieter gefunden werden, der entweder eine Softwarekomplettlösung bietet oder aktuell recherchierte Pressekontaktdaten bereitstellt, die sich in gängige Datenbanken wie Lotus Notes oder Outlook einpflegen lassen.

Die für diese Entscheidung notwendigen Informationen zusammenzutragen, eine kurze Anbieterübersicht zu erstellen und abschließend eine Empfehlung für die Landesbank abzugeben, ist das Ziel dieser Arbeit. Ein Schwerpunkt soll dabei auf der Beleuchtung des Pressekontaktmanagements von Großunternehmen und der Ermittlung der Anforderungen an Pressekontaktdatenbanken liegen.

1.2 Aufbau der Arbeit

Die vorliegende Diplomarbeit besteht aus sieben Abschnitten und einem Anhang.

Nach der Einleitung in **Kapitel eins** werden im **zweiten Kapitel** die für das weitere Verständnis notwendigen theoretischen Grundlagen gelegt. Dabei sollen die verschiedenen Begriffe der Unternehmenskommunikation sowie die Medienwirkung erklärt und Charakteristiken der Medienpraxis aufgezeigt werden. Zudem wird auf die Bedeutung von Pressekontaktdatenbanken im Rahmen des Pressekontaktmanagements eingegangen und deren Aufbau erklärt.

Im **dritten Kapitel** werden die zur Informationsbeschaffung für die Empfehlung eines Pressekontaktanbieters eingesetzten Methoden vorgestellt.

Mit **Kapitel vier** beginnt die Auswertung der gesammelten Daten in Form eines Vergleichs der Pressearbeit von DAX Unternehmen und Großbanken.

Dabei wird die Organisation der Pressearbeit für beide Untersuchungsgruppen getrennt beleuchtet und ein Benchmark über die Nutzung der in der schriftlichen Befragung genannten Pressekontaktanbieter erstellt.

Die Anforderungen an Pressekontaktdatenbanken zu ermitteln, ist Thema des **fünften Teils** dieser Arbeit. In diesem Kapitel werden sowohl die allgemeinen Leistungsansprüche, die sich aus der schriftlichen Befragung ergeben, als auch die spezifischen Anforderungen der LBBW erfasst. Darauf aufbauend werden konsensfähige Gütekriterien für Pressekontaktdatenbanken bestimmt.

Kapitel sechs ist der Anbieterentscheidung gewidmet. Zunächst wird eine Einteilung der Pressekontaktanbieter gemäß ihrer Leistungspalette vorgenommen, gefolgt von einer Anbieterbewertung nach Erfüllung der in Kapitel fünf bestimmten Kriterien. Abschließend soll aus der Gegenüberstellung von Leistungsansprüchen und Leistungsangebot eine Anbieterempfehlung für die LBBW abgeleitet und begründet werden. Dabei werden Erfahrungswerte anderer Unternehmen berücksichtigt und ausgewählte Anbieter zu Produktpräsentation eingeladen.

In **Kapitel sieben** folgt ein kurzes Resümee sowie ein Ausblick in die zu erwartende Entwicklung des Einsatzes von Pressekontaktdatenbanken und die damit verbundene Anbieterauswahl.

2 Grundlagen und Einordnung der Arbeit

Neben einer Definition der verschiedenen Begriffe im Bereich Public Relations wird in diesem Kapitel die Medienlandschaft als Multiplikator unternehmerischer Kommunikation und Arbeitsraum von Journalisten näher betrachtet, um daraus Erkenntnisse und Handlungsimperative für die Gestaltung eines erfolgreichen Pressekontaktmanagements abzuleiten. Abschließend wird auf den Aufbau und Inhalt von Pressekontaktdatenbanken eingegangen.

2.1 Unternehmenskommunikation

Unternehmen stehen vielfältigen gesellschaftlichen Anspruchsgruppen gegenüber und müssen sich für ihre Aktivitäten nicht nur vor ihren Kapitalgebern rechtfertigen. Ab einer gewissen Größenordnung wird ein Unternehmen zum „gesellschaftlichen Akteur". Seine gesellschaftliche Verantwortung etwa als Schadstoffemittent oder Arbeitgeber gerät in die öffentliche Diskussion und vor allem Boulevard- und Leitmedien formulieren populistische Forderungen an die Unternehmensleitung. Angesichts dieser Tatsache wird deutlich: eine aktive und gezielte Unternehmenskommunikation wird immer wichtiger.[1]

2.1.1 Unternehmenskommunikation in Abgrenzung zum Marketing

Der Begriff der Unternehmenskommunikation ist nicht eindeutig abgegrenzt und wird häufig mit dem Begriff Public Relations gleichgesetzt. In der Betriebswirtschaft und Kommunikationswissenschaft bezeichnet er die Gesamtheit aller Kommunikationsmaßnahmen, die ein Unternehmen einsetzt, um das Unternehmen und seine Leistungen bei allen relevanten Zielgruppen darzustellen. Nach Zerfaß (2004) umfasst Unternehmenskommunikation das Management von Kommunikationsprozessen, die zwischen Unternehmen und ihrer internen bzw. externen Umwelt ablaufen.[2]

---

[1] Vgl. Mast, Claudia (2006); S. 345ff.
[2] Vgl. Zerfaß, Ansgar (2004); S. 7.

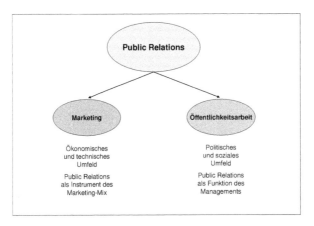

Abbildung 2-1: Funktionale Unterscheidung der Unternehmenskommunikation (Quelle: eigene Darstellung)

Eine grobe Orientierung im Begriffsdschungel ermöglicht die funktionale Unterscheidung der Unternehmenskommunikation in zwei Bereiche: das ökonomische und technische Umfeld, welches Public Relations als Instrument des Marketing-Mix und damit als Werbung betrachtet und zum anderen das politische und soziale Umfeld, welches Public Relations als Funktion des Managements und damit als Öffentlichkeitsarbeit sieht. Abbildung 2-1 soll den Unterschied zwischen Öffentlichkeitsarbeit und Marketing verdeutlichen.[3]

Diese Diplomarbeit widmet sich der Unternehmenskommunikation im Sinne von Öffentlichkeitsarbeit.

In Abhängigkeit von der Zielgruppe lässt sich Unternehmenskommunikation in externe und interne Kommunikation unterteilen. Im Rahmen der externen Kommunikation, die ihre Kommunikationsmaßnahmen an Adressaten außerhalb des Unternehmens richtet, unterscheidet die Deutsche Gesellschaft für Public Relations (DPRG) sechs Aufgabenfelder, die in Abbildung 2-2 dargestellt sind:

---

[3] Vgl. Mast, Claudia (2006); S. 12.

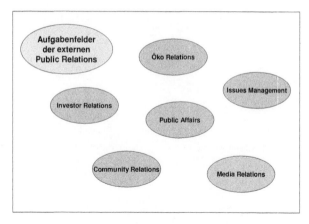

*Abbildung 2-2: Aufgabenfelder der externen Public Relations
(Quelle: eigene Darstellung)*

Investor Relations wenden sich an den Kreis mit Kapitalinteressen wie Gläubiger oder Finanzanalysten. Öko Relations orientieren sich dagegen an kritischen Diskursen um Normen und Werte der Umweltbilanz. Während Public Affairs auf Entscheidungsträger in der Politik und öffentlichen Verwaltung abzielen, beziehen sich Community Relations auf Anwohner und das nachbarschaftliche Umfeld. Das Issues Management dient der themenbezogenen Kommunikation.

Diese Arbeit befasst sich ausschließlich mit den Media Relations als speziellen Aufgabenbereich der externen Unternehmenskommunikation, der sich an Vertreter journalistischer Massenmedien als potenzielle Multiplikatoren öffentlicher Informationsverbreitung richtet. Die Ausgestaltung der Interaktion mit der Teilöffentlichkeit der Journalisten wird mit den Begriffen Media Relations, Pressearbeit oder Medienarbeit beschrieben, die in dieser Arbeit synonym verwendet werden.

Pressearbeit ist ein Instrument der Public Relations, mit dessen Hilfe zielgruppenspezifisch Dialoge mit Vertretern der verschiedenen Medien hergestellt und gepflegt werden. Durch den Aufbau langfristiger Beziehungen zu Journalisten sollen die Medien als Kooperationspartner und Multiplikator für die Informationsvermittlung gewonnen werden. Es gilt, informative und kollegiale Beziehungen zu schaffen, um so auf Grundlage professioneller Arbeitsstandards persönliche Kontakte zu entwickeln. Dabei soll das Verständnis vom Journalisten als Kommunikationspartner gefördert und eine funktionierende Informationspolitik etabliert werden. Glaubwürdigkeit und Respekt sind unabdingbare Voraussetzungen für eine gelungene Zusammenarbeit.[4]

Unternehmen können generell auf zwei Wegen mit ihren verschiedenen Teilöffentlichkeiten kommunizieren: direkt oder indirekt. Bei der indirekten Kommunikation über die Medien kann die Unternehmenskommunikation ein breiteress Publikum ansprechen. Durch gezielte Medienarbeit werden kalkulierbare Publikumssegmente zu einem vergleichsweise geringeren Kostenaufwand erreicht, als dies beispielsweise durch Werbung der Fall wäre. Da alle direkten Wege, Mediennutzer mit Themen und Botschaften zu versorgen, kostenintensiver, langsamer und vor allem weniger glaubhaft sind, sollten Unternehmen der Pressearbeit besondere Bedeutung beimessen. Die Ausgestaltung der Pressearbeit von Großunternehmen macht einen Schwerpunkt dieser Arbeit aus.

2.2 Medienwirkung

Um die Bedeutung der Pressearbeit zu begreifen, muss man zunächst verstehen, auf welche Weise Medien beim Publikum wirken, wie ein Ereignis zur Nachricht wird und welche Rolle Journalisten in diesem Prozess spielen.

2.2.1 Lebenswelt, Medienrealität und Wahrnehmung durch die Bevölkerung

Die Medienwirkungsforschung kennt drei „Realitäten". Sie unterscheidet zwischen der Lebenswelt, sprich den tatsächlichen Ereignissen in Wirtschaft, Wissenschaft und Gesellschaft, der Medienrealität und der Bevölkerungssicht von der Realität.[5] Abbildung 2-3 soll den Zusammenhang dieser drei Ebenen näher beschreiben.

---

[4] Vgl. Altmeppen, Klaus-Dieter (2003); S.49 und Bentele, Günter (1992); S.11-14.
[5] Vgl. Brettschneider, Frank (2006); Punkt 6 und Schenk, Michael (2002); S. 400 ff.

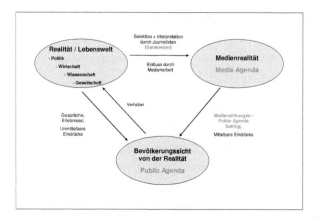

*Abbildung 2-3: Medienwirkung im Kontext
(Quelle: eigene Darstellung in Anlehnung an Brettschneider (2006))*

Im Zeitalter der globalen Vernetzung via Internet und visueller Medien macht der Teil der Realität, den wir Menschen über unmittelbare Eindrücke oder Gespräche erfahren können, nur einen Bruchteil unserer gesamten Realitätswahrnehmung aus. Ein Großteil der täglichen Information besteht aus mittelbaren Eindrücken, die über die Medien vermittelt werden. Da die Medien nicht das gesamte Weltgeschehen abbilden können, nehmen Journalisten eine Selektion anhand von Nachrichtenfaktoren vor. Man spricht deshalb von Journalisten als „Gatekeepern". Sie entscheiden nicht nur, welche Ereignisse ins Licht des öffentlichen Interesses gerückt werden, sondern interpretieren darüber hinaus das Geschehen. Das Ergebnis dieser journalistischen Arbeit ist die Medienrealität, die lediglich einen kleinen Ausschnitt der tatsächlichen Realität abbildet. Die Bevölkerungssicht von Realität wird folglich nicht alleine durch individuelles Erleben geprägt. Medien bestimmen, womit sich der Einzelne beschäftigt, indem sie Themen auf die Tagesordnung setzen (Public Agenda Setting) und dadurch die Bedeutung eines Ereignisses für den Einzelnen beeinflussen. Über Schlagzeilenthemen denken die Leser bevorzugt nach und bilden sich eine Meinung und eine subjektive Medienwirklichkeit.[6]

---

[6] Vgl. Pflaum, Dieter / Linxweiler, Richard (1998); S. 104-105 und Schenk, Michael (2002); S. 400 ff.

2.2.2 Bedeutung der Medienwirkung für die Pressearbeit von Unternehmen

Die Öffentlichkeit nimmt Unternehmen stark über die Medien wahr. Da sich Unternehmen dem unmittelbaren Erfahrungsbereich der Bevölkerung, die nicht Mitarbeiter sind, entziehen, spielt eine positive Presse bei der Imagebildung eine wichtige Rolle. Augenscheinlich verfügen Pressevertreter aufgrund ihrer Selektionsfunktion über eine gewisse Machtposition auf dem Informationsmarkt. Denn, wie schon im vorigen Kapitel dargestellt, bestimmen sie, was die Öffentlichkeit erfährt (Agenda Setting) und welche Inhalte die gesellschaftliche Diskussion prägen. Was nicht in der Zeitung steht, ist – überspitzt gesagt – nicht geschehen oder zumindest nicht für den Leserkreis relevant (Public Agenda).[7]

Erklärtes Ziel der Pressearbeit muss es daher sein, durch planmäßige und an den Nachrichtenfaktoren ausgerichtete Kommunikation die Selektionskriterien der Journalisten zu erfüllen und über die Medienberichterstattung auf die „Public Agenda" zu gelangen.

2.3 Medienpraxis

Nachdem in den Kapiteln 2.1 und 2.2 die Bedeutung guter Beziehungen zu Medienvertretern aus Unternehmenssicht veranschaulicht wurde, soll im folgenden die Zielgruppe der Pressearbeit näher betrachtet werden..

2.3.1 Die Medienlandschaft – Arbeitsumfeld von Journalisten und Redakteuren

Die Medienlandschaft befindet sich im ständigen Wandel und auch der Journalistenalltag hat sich seit dem Aufkommen der „Neuen Medien" verändert.[8] Diese Veränderungen beeinflussen das Verhältnis und Zusammenspiel von Unternehmenspresse und Medienvertretern.

---

[7] Vgl. Rota, Franco P. (1994); S. 73.
[8] Vgl. Weischenberg, Siegfried / Scholl, Armin / Malik, Maja (2006); S. 12f.

Die zunehmende Auffächerung der Medienlandschaft macht Unternehmen die Medienarbeit einfacher und schwieriger zugleich. Schwieriger, weil mit der Medienvielfalt die Bandbreite der Berichterstattungsformen und redaktionellen Konzepte wächst und der Zugang zu den Medien insgesamt schwerer zu planen ist. Presse, Internet und elektronische Medien bieten ein vielfältiges Angebot, das unterschiedliche Publikumsgruppen anspricht. Neben den universellen Nachrichtenmedien, die ein weites Themenspektrum aus Politik, Wirtschaft und Gesellschaft behandeln, existieren zahlreiche Fachmagazine, die sich einem abgesteckten Themenbereich widmen. Andererseits kann die Medienarbeit gezielt auf inhaltlich eng positionierte Angebote ausgerichtet werden. Dies gilt speziell für Fachmedien. Zielgruppe und Redaktionskonzept eines journalistischen Angebots sind nicht nur ausschlaggebend dafür, ob und in welchem Umfang Unternehmen Eingang in die Berichterstattung finden, sondern auch unter welchen Perspektiven dies geschieht. Erfolgreiche Medienarbeit setzt daher die genaue Kenntnis der Medienlandschaft voraus.

Zudem ist ein Verständnis für die Anforderungen an die Redaktionen unerlässlich. Eine Tageszeitung braucht andere Informationen als ein Wochenblatt oder ein Monatsmagazin. Der Tagesablauf eines Radioreporters unterscheidet sich von dem eines Zeitungsjournalisten. Auch der Kostendruck in den Redaktionen wächst. Auf Grund von Personalabbau in der gesamten Medienbranche stehen für Recherchen immer weniger Ressourcen zur Verfügung, weshalb Journalisten die Notwendigkeit sehen, auf Zulieferungen von Unternehmen zurückzugreifen. Einige Unternehmen haben auf die Not der Journalisten reagiert und beliefern ihre Kommunikationspartner mit Informationen hoher Qualität und annähernd druck- bzw. sendefähigen Beiträgen. Durch kontinuierliches Pressekontaktmanagement schaffen sie langfristig eine „Win-Win" Situation, bei der beide Seiten profitieren: die Presseabteilung versorgt den Journalisten über den eigentlichen Pressetext hinaus mit für ihn wesentlichen Zusatzinformationen und erhält im Gegenzug eine häufige und positive Berichterstattung. Viele Unternehmen verkennen jedoch, dass sie die Gunst der Journalisten verspielen und die eigene Arbeit entwerten, wenn sie Redaktionen permanent mit Mitteilungen überfluten. [9]

2.3.2 Erwartungen von Journalisten an die Pressearbeit von Unternehmen

Der Einblick in die Medienpraxis hat gezeigt, dass Journalisten auf Grund starker Arbeitsbelastung wenig Zeit für eigene Recherchen bleibt und sie deshalb von einer gezielten Informationsversorgung und Vorarbeit durch die Presseabteilung profitieren.[10] Will ein Unternehmen Eingang in die mediale Berichterstattung finden, ist es daher hilfreich, die Erwartungen von Journalisten an die Pressearbeit zu kennen und zu berücksichtigen.

Wie muss etwa die Betreffzeile von Pressemitteilungen gestaltet sein, um beachtet zu werden? Welches Email Format bevorzugen Redakteure? Welche Dateigröße sollte das Bildmaterial nicht überschreiten? Antwort auf diese Fragen gibt die *Journalisten-Studie zu praktischen Aspekten der Online-PR*[11], die von der Fachhochschule Hannover in Kooperation mit der Kommunikationsagentur Schrader im November 2006 durchgeführt wurde. An dieser haben 278 Journalisten aus allen Ressorts teilgenommen.

Eine allgemein formulierte Pressemitteilung über einen Verteiler zu versenden, ist nicht ausreichend. Das ist die wichtigste Erkenntnis der aktuellen Journalistenumfrage. Journalisten wünschen ausschließlich für sie relevante, informative, aktuelle, kurze und vor allem sachliche Texte. Besonders gefürchtet sind auch das Nachhaken von Pressereferenten nach dem Versand einer Pressemitteilung und der Registrierungszwang im Online-Pressebereich.

Gefragt ist dagegen druckfähiges Bildmaterial, das über die Hälfte der Journalisten am liebsten im Anhang der Email als JPEG-Format mit einer 300 bis 600 dpi Auflösung empfangen. Voraussetzung ist, dass die Datenmenge

---

[9] Vgl. Mast, Claudia (2006); S.363.
[10] Vgl. Weischenberg, Siegfried / Scholl, Armin / Malik, Maja (2006); S. 12f.
[11] Vgl. www.journalistenstudie.de: Journalisten-Studie zu praktischen Aspekten der Online-PR.

überschaubar bleibt (bis 2,5 MB). Ein Großteil der Befragten erwartet darüber hinaus die Nennung des Themas und Absenders in der Betreffzeile. Außerdem sollen Emails bereits in der Betreffzeile als Pressemitteilung gekennzeichnet sein. Eine entsprechende Kennzeichnung hilft Journalisten, Pressemitteilungen von Spam zu unterscheiden. Pressemappen werden nach wie vor gerne auf dem Postweg empfangen. Die Email-Variante ist mittlerweile jedoch genauso beliebt. Offensichtlich betrachten Journalisten die Zustellung von Pressemappen als eine Bringschuld, weshalb sie das Herunterladen von der Unternehmenshomepage mehrheitlich ablehnen. Überraschenderweise spielt es für die persönlichen Vorlieben keine Rolle, ob ein Journalist für den Rundfunk, Online- oder Printmedien arbeitet.

Während sich Journalisten bei der Zustellung von Bildmaterial und Pressemappen einig sind, ist das Meinungsbild in vielen Punkten bezüglich der Art des Versands von Pressematerialien gespalten. Etwa gleich viele Journalisten wünschen eine Pressemitteilung als Anhang oder aber direkt in der Email. Derart unterschiedliche Vorzüge stellen Pressereferenten vor eine Herausforderung. Schließlich wollen sie beide Personengruppen zufrieden stellen. Auch beim Format herrscht keine Einigkeit. Das grafisch gestaltbare HTML-Format hat ähnlich viele Anhänger wie das schlichte Plaintext-Format. Einzelne Journalisten haben zudem mitgeteilt, dass das hauseigene Email Management Mails im HTML-Format blockiert. Unternehmen laufen somit Gefahr, dass Pressemitteilungen im falschen Format den Adressaten, sei es aus technischen oder persönlichen Gründen, nicht erreichen.

„PR-Verantwortliche müssen künftig noch genauer hinsehen, welche Journalisten sie auf welchem Weg ansprechen", resümiert Ulf-Hendrik Schrader, Agenturleiter und Lehrbeauftragter für Online-PR an der Fachhochschule Hannover.[12] Wenn Pressemitteilungen ihr Ziel erreichen sollen, ist es am besten, die individuellen Vorlieben jedes einzelnen Empfängers zu kennen.

Diese persönlichen Vorzüge herauszufinden, stellt eine Herausforderung für die Unternehmenspresseabteilung dar. Häufig sind den Pressereferenten

---

[12] Vgl. Kalthoff-Mahnke, Michael (2007); S. 10.

individuelle Präferenzen ihrer Pressekollegen bekannt. Deren Berücksichtigung scheitert aber an einer sorgfältigen Ablage und Verwaltung dieser persönlichen Daten zu Pressekontakten, die ohne eine ausgereifte Pressekontaktdatenbank und Software nicht zu bewerkstelligen sind.

2.4 Pressekontaktmanagement

Während in dieser Arbeit unter Pressearbeit vorrangig die Beziehungspflege zu Journalisten und die dabei eingesetzten Instrumente verstanden werden, ist der Begriff Pressekontaktmanagement weiter gefasst. Pressekontaktmanagement beinhaltet die Operationalisierung der Pressearbeit. Wie müssen Pressekontaktdaten verwaltet sein, um gezielte Pressearbeit zu ermöglichen? Welche technische Infrastruktur ist erforderlich und woher bezieht das Unternehmen die benötigten Pressekontaktdaten?

2.4.1 Pressekontaktdatenbank als Voraussetzung für erfolgreiche Media Relations

Die Notwendigkeit einer ausgereiften Pressekontaktdatenbank wurde bereits in Kapitel 2.3.2 begründet. Denn nur wenn Pressekontaktdaten vollständig, aktuell und kategorisch in einer Datenbank abgelegt sind, können Pressereferenten Unternehmensmitteilungen direkt und ausschließlich an diejenigen Ansprechpartner in Presse oder Rundfunk versenden, für die sie von Interesse sind. Ein wohl überlegter Verteileraufbau und die damit einhergehende zielgenaue Ansprache von Medienvertretern bilden die Grundlage für die Ausgestaltung persönlicher Beziehungen und sind somit notwendige Voraussetzung erfolgreicher Media Relations.

Diese serviceorientierte Gestaltung der Pressearbeit sowie die von Fluktuation unter Journalisten und deren zeitgleicher Tätigkeit für mehrere Medien geprägte Medienpraxis stellen hohe Anforderungen an das vom Unternehmen eingesetzte Datenbanksystem. Wesentliche Aufgabe dieses Datenbanksystems für Pressekontakte muss folglich sein, große Datenmengen effizient, widerspruchsfrei und dauerhaft zu speichern und benötigte Teilmengen in unterschiedlichen Darstellungsformen für Benutzer und Anwenderprogramme bereitzustellen.

2.4.2 Bestandteile von Pressekontaktdatenbanken

Pressekontaktdatenbanken bestehen aus einer Software zur Verwaltung von Pressekontakten sowie Inhalten, den eigentlichen Datenbeständen. Entsprechend haben sich am Markt Anbieter etabliert, die sowohl Verwaltungssoftware als auch Pressekontaktdaten zur Verfügung stellen. Andere haben sich auf jeweils einen der beiden Bestandteile spezialisiert.

Die Verwaltungssoftware kann als das Gerüst der Datenbank verstanden werden, in das Kontaktdaten eingepflegt werden können. Sie organisiert intern die strukturierte Speicherung der Daten gemäß einem vorgegebenen Datenbankmodell und kontrolliert alle schreibenden und lesenden Zugriffe auf die Datenbank. Als theoretische Grundlage für das Datenbanksystem bestimmt sie, auf welche Art und Weise Daten gespeichert und verändert werden können und legt damit die Infrastruktur fest, die das jeweilige Datenbanksystem anbietet. Die Software entscheidet maßgeblich über Funktionalität und Geschwindigkeit des Systems.[13]

Welche Funktionen eine Verwaltungssoftware für Pressekontaktdatenbanken nach Angaben der Nutzer erfüllen muss, wird in Kapitel 5.2.3 erläutert.

Der Anwender wird mit der Software, die dem Pressekontaktdatenbanksystem zu Grunde liegt, nur indirekt und in Form der grafischen Benutzeroberfläche konfrontiert, über die er mit dem System kommuniziert. Für ihn sind vor allem die Inhalte einer Pressekontaktdatenbank von Bedeutung. Welche Pressekontaktinformationen eine Datenbank bereitstellen soll, variiert abhängig vom Geschäftsfeld, der Größe und der Kommunikationspolitik eines Unternehmens. Ferner spielt es eine Rolle, ob die Pressekontaktdatenbank ausschließlich von der Presseabteilung oder von weiteren Unternehmensbereichen und Konzerntöchtern genutzt werden soll (siehe Kapitel 4.1.2).

---

[13] Vgl. Kemper, Alfons / Eigler, Andre (2006); S. 18f.

Folgende Medienangaben werden allgemein als Mindestdaten vorausgesetzt: Name und Gattung des Mediums (Zeitung, Zeitschrift, Magazin, Sender), Redaktion und Ressort, Anschrift einschließlich Internetadresse, Email, Telefon- und Faxnummer, Ansprechpartner und die gewünschte Zustellungsform (Post, Fax, Email). Darüber hinaus ist es sinnvoll, Suchkriterien für den täglichen Umgang und die Erstellung von Presseverteilern festzulegen. Diese können beispielsweise sein: die Reichweite (lokal, regional, landesweit, international), Art des Mediums (Internet, Zeitung, Rundfunk), Zielgruppe (Frauen, Jugendliche, Sportler), thematische Zuordnung (Fachpresse, Wirtschaftspresse, Unterhaltung) oder Erscheinungsweise (täglich, wöchentlich, monatlich).[14]

Welche Inhalte eine Pressekontaktdatenbank nach Angaben der Nutzer bereithalten soll und wie wichtig diese sind, wird in Kapitel 5.2.1 ausführlich dargestellt.

---

[14] Vgl. Seegers, Daniel (2007); S. 117 ff.

3 Methodik zur Informationsbeschaffung als Entscheidungsgrundlage für die Empfehlung eines Pressekontaktanbieters

Bei der Entscheidung für einen Pressekontaktanbieter für die Landesbank Baden-Württemberg soll folgendermaßen vorgegangen werden: Zunächst müssen die Anforderungen an eine zukünftige Pressekontaktdatenbank spezifiziert und verschiedene Anbieter ausfindig gemacht werden. Darüber hinaus sind Erfahrungswerte anderer Banken und Großunternehmen mit Pressekontaktanbietern und deren Ausgestaltung der Pressearbeit von Interesse.

Zur Informationsbeschaffung werden drei Methoden angewendet, bei denen es sich mangels früherer Studien und Literaturquellen zum Thema Pressekontaktdatenbanken um Primäranalysen handelt.

Die Anforderungen der Pressereferenten der LBBW an eine externe Pressekontaktdatenbank werden durch ein Gruppeninterview ermittelt. Darauf wird in Kapitel 3.1 näher eingegangen. Die schriftliche Befragung in Kapitel 3.2 macht den Schwerpunkt dieser Diplomarbeit aus. Sie dient der Gewinnung von Erfahrungswerten anderer Großunternehmen mit verschiedenen Pressekontaktanbietern und der Erstellung eines Benchmarks über die aktuelle Anbieternutzung. Im Anschluss soll eine Marktanalyse zur Erhebung von Anbieterinformationen durchgeführt werden. Dabei werden primär Daten aus dem Internet und Produktbroschüren der Anbieter zusammengetragen, die auch Grundlage für die Anbieteranalyse in Kapitel 6.1.2 sind. Zuletzt werden ausgewählte Anbieter zu Produktpräsentationen eingeladen, um in persönlichen Gesprächen mit dem Vertriebspersonal letzte Fragen zu klären.

3.1 Mündliche Befragung

Bei der Einführung einer externen Pressekontaktdatenbank handelt es sich um eine langfristige Entscheidung, die mit Kosten verbunden ist. Folglich muss im Vorfeld genau geklärt werden, welche Leistungen die zukünftige

Pressekontaktdatenbank erfüllen muss. Diese Anforderungen werden in einem Gruppeninterview mit den Pressereferenten der LBBW herausgearbeitet.[15]

Als Interviewpartner werden die Pressereferenten der LBBW bestimmt, da sie primäre Anwender der neuen Pressekontaktdatenbank sein werden und sowohl die Anforderungen der täglichen Pressearbeit als auch Schwachstellen der bisherigen Lösung am besten kennen.

Die Pressereferenten werden zwei Wochen vor dem Interviewtermin gebeten, Abläufe in der Pressearbeit gezielt auf Unterstützungsmöglichkeiten durch einen Pressekontaktanbieter zu beobachten und Leistungsansprüche zu formulieren. Zur Vorbereitung wird ihnen eine Liste von Produktmerkmalen ausgehändigt, die verschiedenen Anbieterhomepages entnommen sind und anhand derer sie sich ein Bild machen können, welche Leistungen möglich sind. Die Pressereferenten können somit vorab prüfen, welche Kriterien ihnen persönlich bei der Wahl einer Pressekontaktdatenbank wichtig sind. Im Interview sollen die einzelnen Punkte zusammengetragen und deren Bedeutung für das Unternehmen und die Relevanz für die Anbieterauswahl diskutiert werden.

3.2 Schriftliche Befragung

Die aktuellen Nutzer von Pressekontaktdatenbanken sind die besten Auskunftgeber. Von ihren Erfahrungen will die LBBW profitieren. Einen Dienstleister zu beauftragen, der sich in der Praxis bewährt hat, birgt weniger Risiken als der Einsatz eines weniger renommierten Anbieters. Außerdem lassen sich entsprechende Kosten vor der Unternehmensleitung einfacher rechtfertigen, wenn Unternehmen derselben Branche nachweislich von dem Einkauf einer externen Pressekontaktdatenbank profitieren konnten.

---

[15] Mitschnitt des Interviews vom 12.06.2007 auf beigelegter CD.

3.2.1 Stichprobe der schriftlichen Befragung

Die Erfahrungswerte zweier Gruppen sind für die LBBW als Großbank besonders interessant: Unternehmen derselben Branche, sprich dem Finanzsektor, und Unternehmen ähnlicher Größenstruktur, also Großunternehmen.

Bei der schriftlichen Umfrage sollen daher zwei Teilstichproben berücksichtigt werden:

> Großbanken

Da eine Vollerhebung über alle Kreditinstitute im Rahmen dieser Arbeit aus zeitlichen Gründen nicht möglich ist, soll eine Teilerhebung durchgeführt werden. Dabei wird eine bewusste Auswahl nach dem Konzentrationsprinzip[16] getroffen, die nur Unternehmen mit dem größten Umsatz innerhalb eines Wirtschaftssektors – hier der Finanzbranche – umfasst. In die zu untersuchende Stichprobe sollen die neben der LBBW nach Bilanzsumme 28 größten Kreditinstitute Deutschlands aufgenommen werden. Die Auswahl der Stichprobe basiert auf einer aktuellen Übersicht der *Frankfurter Allgemeine Zeitung*, die in Anhang 1 am Ende dieser Arbeit dargestellt ist. Die LBBW rangiert mit einer Bilanzsumme von 428.000 Euro auf Platz sechs der größten deutschen Kreditinstitute.[17]

Es ist anzunehmen, dass Unternehmen der gleichen Branche und Größe auf Grund ihrer verwandten Geschäftstätigkeit auch die Pressearbeit ähnlich gestalten und vergleichbare Anforderungen an eine Pressekontaktdatenbank stellen. Erfahrungswerte dieser Zielgruppe versprechen folglich einen besonderen Mehrwert bei der Auswahl eines geeigneten Pressekontaktanbieters.

> DAX 30 Unternehmen

Da der Umfang der Grundgesamtheit überschaubar ist, wird eine Vollerhebung der DAX 30 Unternehmen durchgeführt. Eine Liste der angeschriebenen DAX Unternehmen befindet sich im Anhang auf Seite XV.

---

[16] Vgl. Schnell, Rainer / Hill, Paul B. / Esser, Elke (2005); S. 300.
[17] Vgl. Giersberg, Georg (2007); S. U4.

DAX Unternehmen stehen im besonderen Interesse der Öffentlichkeit und sind durch ihre Veröffentlichungspflichten gezwungen, Pressearbeit zu betreiben. Es ist daher anzunehmen, dass sie zumindest unterstützend Pressekontaktdaten und eventuell auch Kontaktsoftware extern einkaufen. Neben den Veröffentlichungspflichten versprechen DAX Unternehmen auch auf Grund ihrer Unternehmensgröße höhere Erfahrungswerte mit Pressekontaktanbietern als kleinere Unternehmen.

3.2.2 Vorgehen

Da es keine Theorie der Befragung gibt, aus der alle Details der Konstruktion eines Fragebogens ableitbar sind, muss sowohl der Fragebogen als auch das Begleitschreiben vor dem Beginn der eigentlichen Datenerhebung getestet werden.[18] Außerdem gilt es, für den Empfänger des Fragebogens einen Anreiz zu schaffen an der Befragung teilzunehmen, bevor zum postalischen Versand übergegangen werden kann.

➢ Pretest

Durch das probeweise Ausfüllen des Fragebogens und das Lesen des Begleitschreibens soll das Risiko eines Misserfolgs der Befragung reduziert und vorab Gründe für ein eventuelles Versagen aufgespürt werden. Mit Hilfe des Pretests werden vor allem die Struktur und Verständlichkeit des Fragebogens überprüft und Schwierigkeiten beim Beantworten der Fragen erkannt. Außerdem wird getestet, wie viel Zeit für die Bearbeitung des Fragebogens benötigt wird, um sicher zu gehen, dass Umfrageadressaten nicht durch die Länge des Fragebogens von einer Teilnahme abgehalten werden.

Das Begleitschreiben, das in Anhang 2 abgebildet ist, soll primär daraufhin untersucht werden, ob es zur Teilnahme an der Umfrage motiviert, die Länge akzeptabel und die Formulierungen verständlich sind. Der Befragte muss im Anschreiben Antworten auf eine Reihe von Fragen finden die er im persönlichen Interview dem Interviewer stellen könnte: Was hat die Befragung mit mir

---

[18] Vgl. Schnell, Rainer / Hill, Paul B. / Esser, Elke (2005); S. 347.

zu tun? Wie lang wird sie dauern? Ist die Umfrage meine Zeit wert? Sind die Fragen kompliziert?[19]

Als Testpersonen haben sich vier Pressereferenten der LBBW sowie eine Kollegin der Landesbank Rheinland-Pfalz bereit erklärt, deren Verbesserungsvorschläge diskutiert und gegebenenfalls in den Fragebogen eingearbeitet werden.

➤ Incentive

Eine wesentliche Strategie zur Erhöhung der Rücklaufquote bei postalischen Befragungen besteht im Beifügen von Incentives, kleiner Anreize für die Befragten, in Form von Geld oder geldwerten Gegenständen. Da die Umfrage zu Pressekontaktdatenbanken nicht an private Endverbraucher, sondern an Firmenmitarbeiter gerichtet ist, soll anstatt eines finanziellen Anreizes über alternative Motivationstreiber nachgedacht werden. Eine mit geringem Aufwand realisierbare Alternative, die den Teilnehmern gleichsam Mehrwert stiftet, ist, ihnen die Ergebnisse der Studie kostenfrei zur Verfügung zu stellen, wenn sie an der Befragung teilnehmen. Damit die Anonymität gewahrt bleibt, können Unternehmen eine beliebige Email Adresse angeben, an die sie die Ergebnisse zugeschickt bekommen möchten.

➤ Versand

Versandt werden die Fragebögen über die Universität Hohenheim. Dabei werden sie direkt an den Abteilungsleiter für Kommunikation im jeweiligen Unternehmen adressiert, mit der Bitte, diese an den Verantwortlichen für Öffentlichkeitsarbeit weiterzuleiten. Der Versand über eine Hochschule sowie die persönliche Ansprache und direkte Adressierung an die Führungsebene sollen neben dem genannten Incentive die Rücklaufquote erhöhen. Um den Teilnehmern die Bearbeitung so einfach wie möglich zu machen, werden frankierte und adressierte Rückumschläge beigelegt. Da die Fragebögen auf Grund der zugesicherten Anonymität den einzelnen Unternehmen nicht mehr zuordenbar sein dürfen, werden unterschiedliche Grußformeln verwendet, um

---

[19] Vgl. Schnell, Rainer / Hill, Paul B. / Esser, Elke (2005); S. 360.

für die Auswertung die Zugehörigkeit zur jeweiligen Untersuchungsgruppe, DAX Unternehmen oder Kreditinstitut, feststellen zu können.

Zu beachten ist, dass vier der angeschriebenen Unternehmen (Deutsche Bank, Commerzbank, Hypo Real Estate Holding AG und Postbank) beiden Untersuchungsgruppen zuzuordnen sind und somit für die Auswertung gesondert gekennzeichnet werden müssen.

3.2.3 Fragebogendesign

Die Konstruktion eines Fragebogens für die postalische Befragung erfordert besondere Sorgfalt, da der Befragte, anders als bei der persönlichen Befragung, mit dem Fragebogen allein gelassen wird. Sie bezieht sich auf zwei Aspekte: die inhaltliche Gestaltung und die optische Aufbereitung. Nachfolgend soll primär auf die inhaltliche Gestaltung des Fragebogens zum Thema Pressekontaktdatenbanken eingegangen werden. Der fertige Fragebogen ist in Anhang 3 abgebildet.

Bei jeder in den Fragebogen aufgenommenen Frage ist zu prüfen, in welchem Verhältnis sie zum Thema der Befragung steht und ob sie für die Untersuchung wichtig ist. Idealerweise ist für jede Frage die spätere Analyseanwendung vorab klar. Bei der Erklärung des inhaltlichen Aufbaus des Fragebogens soll daher das mit der jeweiligen Frage bzw. dem entsprechenden Themenkomplex verfolgte Ziel mit angeführt werden.

Bei der Konstruktion des Fragebogens gilt es, Fragen zum selben Themenkomplex nacheinander anzuordnen. Sollten einige Fragen nicht für alle Befragten zutreffend sein, sind mittels einer Filterfrage Vorkehrungen zu treffen, die den Befragten von der Notwendigkeit entbinden, auf zahlreiche Fragen mit „trifft nicht zu" zu antworten.[20] Dieser Anforderung wird der Fragebogen durch eine klare Struktur gerecht, bei der inhaltlich nahe Fragen unter Überschriften zusammengefasst sind und in Form von vier Themenkom-

---

[20] Vgl. Schnell, Rainer / Hill, Paul B. / Esser, Elke (2005); S. 344.

plexen, abhängig von der Relevanz für den Befragten, beantwortet werden können. Diese sind: Allgemeine Fragen zum Unternehmen, Fragen zur Pressearbeit im Unternehmen, Fragen zu internen, eigenen Pressekontaktdatenbanken und Fragen zu Pressekontaktdatenbanken externer Anbieter.

Den ersten Fragen ist besondere Bedeutung beizumessen, da sich an ihnen das Engagement des Befragten zur Beantwortung des gesamten Fragebogens entscheidet.[21] Deshalb werden zwei allgemeine Einleitungsfragen zum Unternehmen gestellt, die leicht zu beantworten sind. Um nicht ausschließlich der Einleitung zu dienen, wurden mit Frage 1 und 2, Fragen gewählt, die in der Auswertung zugleich eine Gruppierung nach der Relation von Unternehmensgröße und Presseabteilung zulassen.

Nach den Einleitungsfragen ist es wichtig, schnell zum Thema hinzuführen. Der Befragte soll nicht den Eindruck bekommen, die Befragung sei für ihn nicht relevant.[22] Es folgt ein Themenkomplex mit Fragen zur Pressearbeit im Unternehmen, der von allen Befragten beantwortet werden kann. Die enthaltenen Fragen drei bis sechs sollen Erkenntnisse über den Einsatz von internen und externen Pressekontaktdatenbanken bringen. Darüber hinaus sollen sie Anhaltspunkte geben, welche Leistungen Anwender an Pressekontaktdatenbanken besonders wertschätzen, um Hintergrundinformationen für die Bestimmung der LBBW eigenen Anforderungen in Kapitel 5.2 zu liefern.

Mit Frage 7 bis 9 folgt ein Themenkomplex zu internen Pressekontaktdatenbanken, der nur von den Teilnehmern zu bearbeiten ist, die eine eigene Pressekontaktdatenbank nutzen. Die Antworten auf diese Fragen sollen zeigen, welcher Aufwand den Unternehmen mit der Aktualisierung und Pflege der internen Kontaktdaten entsteht.

Der vierte Themenkomplex beinhaltet Fragen zu Pressekontaktdatenbanken externer Anbieter. Mit den Fragen 10 bis 17 wird das Ziel verfolgt, ein

---

[21] Vgl. Schnell, Rainer / Hill, Paul B. / Esser, Elke (2005); S. 361.
[22] Vgl. Schnell, Rainer / Hill, Paul B. / Esser, Elke (2005); S. 343.

Benchmark über die genutzten Anbieter zu ziehen und möglichst viele Informationen über Anbieterleistungen und deren Bedeutung für die Anwender zu generieren. Neben der Häufigkeit der Anbieternutzung sollen Erfahrungswerte zusammengetragen werden, die gemeinsam mit den Angaben zu erwünschten Extra-Leistungen Ausgangslage für die eigene Anbieterentscheidung (LBBW) in Kapitel 6.2 sein sollen. Schwierige bzw. sensible Fragen, wie beispielsweise die Aufforderung zur Bewertung der Leistungen des eigenen Pressekontaktanbieters in Frage 17, werden bewusst an das Ende des Fragebogens gestellt, um keinen frühzeitigen Abbruch der Befragung zu provozieren.[23]

Die optische Gestaltung des Fragebogens soll die Kooperationsbereitschaft des Befragten fördern. Der erste Eindruck muss deshalb Seriosität, Wichtigkeit und leichte Handhabbarkeit vermitteln sowie ästhetischen Maßstäben genügen.[24]

Zur besseren Übersicht sind die einzelnen Themenkomplexe im Fragebogen zu Pressekontaktdatenbanken durch blau hinterlegte Überschriften voneinander abgegrenzt. Zudem werden fast ausschließlich geschlossene Fragen verwendet, die dem Befragten die Bearbeitung erleichtern sollen.

3.3 Anbieteranalyse

Letzter Schritt der Datenerhebung ist die Anbieteranalyse. Ziel ist es, einen umfassenden Marküberblick über Pressekontaktanbieter und deren Leistungspalette zu bekommen.

Hierzu werden Anbieterinformationen primär anhand von Produktbroschüren und Unternehmensdarstellungen im Internet eingeholt und eine Liste von Anbietern für Pressekontaktsoftware und Inhalte angefertigt.

---

[23] Vgl. Schnell, Rainer / Hill, Paul B. / Esser, Elke (2005); S. 343.
[24] Vgl. Schnell, Rainer / Hill, Paul B. / Esser, Elke (2005); S. 361.

In einem zweiten Schritt erfolgt die Auswertung der gesammelten Anbieterinformationen. Dabei sollen auch Internetforen auf Anhaltspunkte zu Pressekontaktanbietern durchsucht und relevante Hinweise berücksichtigt werden. Zuletzt werden die einzelnen Anbieter auf ihre Eignung hinsichtlich verschiedener Ansprüche untersucht. Anforderungen an Pressekontaktdatenbanken, die sich aus der schriftlichen Befragung ergeben (siehe Kapitel 5.3), sollen bei der Anbieteranalyse als Vergleichsdimension dienen. Die Ergebnisse der Anbieteranalyse sind in Kapitel 6.1.2 dargestellt.

Nach der Anbieteranalyse werden ausgewählte Anbieter zu Produktpräsentationen eingeladen, um im persönlichen Gespräch mit dem Vertriebspersonal letzte Fragen zur Entscheidungsfindung zu klären und den für die LBBW geeigneten Anbieter zu ermitteln (siehe Kapitel 6.1).

4 Pressearbeit von DAX Unternehmen und Großbanken im Vergleich

Die hohe Rücklaufquote (53 Prozent) und das von den teilnehmenden Unternehmen bekundete große Interesse an den Umfrageergebnissen zeigen, dass Media Relations und der Einsatz von Pressekontaktdatenbanken nicht nur Banken, sondern auch DAX Unternehmen beschäftigen. Von den 29 angeschriebenen Banken haben 13 an der Umfrage teilgenommen, was einem Anteil von 45 Prozent entspricht. Bei den DAX Unternehmen lag die Rücklaufquote mit 60 Prozent sogar noch höher. 18 der 30 DAX Unternehmen haben an der Umfrage teilgenommen. Nachfolgende Tabelle zeigt den Rücklauf.

	DAX-30	andere	Gesamt
Banken	02 von 04	11 von 25	**13 von 29**
andere	16 von 26	-	16 von 26
Gesamt	**18 von 30**	11 von 25	29 von 55

Abbildung 4-1: Rücklauf der Umfrage
(Quelle: eigene Darstellung auf Basis der Umfrageergebnisse)

Zu beachten ist, dass zwei Teilnehmer sowohl der Gruppe DAX als auch der Gruppe Banken zuzuordnen sind. Da die Auswertung der Befragung aus Gründen der Homogenität für beide Gruppen separat erfolgt, fließen ihre Angaben in die Ergebnisse beider Kategorien ein.

4.1 Organisation der Pressearbeit

„Die Organisation einer Abteilung spiegelt sich im Ergebnis wieder".[25] Was in der allgemeinen Praxis der Unternehmensführung zutrifft, gilt auch für die Pressearbeit. Ein Unternehmen kann nur dann erfolgreich Beziehungen zu Pressevertretern aufbauen, wenn der interne Kommunikationsfluss zwischen den verschiedenen Pressereferenten eines Unternehmens funktioniert und Pressekontakte richtig verwaltet werden. Dieses Kapitel soll die Organisation

---

[25] Vgl. Homburg, Christian und Krohmer, Harley (2003); S. 12.

der Pressearbeit in Großunternehmen näher beleuchten. Angefangen mit einer vergleichenden Übersicht der durchschnittlichen Mitarbeiterzahl in der Presseabteilung von DAX Unternehmen und Banken folgt eine detaillierte Betrachtung der Verwaltung von Pressekontaktdaten. Abschließend soll ein Vergleich des Zeitaufwands für die Pflege externer bzw. interner Pressekontaktdaten den Nutzen einer externen Pressekontaktdatenbank verdeutlichen.

4.1.1 Mitarbeiter in der Presseabteilung

Mit acht Nennungen hat die Mehrheit der teilnehmenden **DAX** Unternehmen **mehr als 20** Mitarbeiter in der Presseabteilung. Nur zwei Unternehmen nennen eine Zahl von unter fünf. In der Gruppe der **Banken** stellt sich dies anders dar. Acht der dreizehn teilnehmenden Banken haben angegeben, **weniger als fünf** Mitarbeiter in der Presse zu beschäftigen. Nur eine Bank nennt mehr als zehn Pressemitarbeiter. Die folgende Tabelle zeigt die Nennungen der Befragungsteilnehmer zur Mitarbeiterzahl in der Presseabteilung.

Mitarbeiterzahl	DAX	Banken
kleiner als 5	2	8
kleiner als 10	4	4
kleiner als 15	1	1
kleiner als 20	3	0
größer als 20	8	0
Gesamt	18	13

Abbildung 4-2: Mitarbeiterzahl in der Presseabteilung
(Quelle: eigene Darstellung auf Basis der Umfrageergebnisse)

Die Anzahl der Pressemitarbeiter steht erwartungsgemäß in direktem Zusammenhang mit der Unternehmensgröße[26]. Um eine Aussage treffen zu können, wie viele Mitarbeiter ein Unternehmen durchschnittlich in der Presseabteilung beschäftigt und einen Vergleich zwischen DAX Unternehmen und Banken zu ermöglichen, wurde die durchschnittliche Mitarbeiterzahl in der Presseabteilung pro 1000 Unternehmensmitarbeiter ermittelt. Das Ergebnis zeigt, dass bei den **DAX** Unternehmen auf 1000 Unternehmensmitarbeiter **0,1**

---

[26] Vgl. Anhang 4; Korrelation nach Pearson: auf dem Niveau von 0,01 zweiseitig signifikant.

Pressemitarbeiter kommen. Bei den **Banken** sind es mit einer Zahl von **0,5** fünf Mal so viele.[27]

Der Unterschied könnte damit erklärt werden, dass der Aufwand für Pressearbeit in einem Unternehmen nicht proportional zu seiner Mitarbeiterzahl wächst. In großen Unternehmen macht die Pressearbeit einen relativ geringeren Teil der Gesamtaktivität aus. Da DAX Unternehmen mit einer durchschnittlichen Mitarbeiterzahl von 120.000[28] zwölf Mal größer sind als der Durchschnitt der befragten Banken, benötigen sie relativ weniger Mitarbeiter in der Presse.

Die LBBW beschäftigt in der Unternehmenskommunikation sechs Mitarbeiter, die die Pflege der Medienkontakte unter sich aufteilen. Gemessen an einer Gesamtmitarbeiterzahl von rund 12.000 liegt das Unternehmen damit genau im Bankendurchschnitt.[29]

4.1.2 Verwaltung und Nutzung der Pressekontaktdaten

Die Abbildung 4-3 zeigt, dass der Großteil aller teilnehmenden Unternehmen sowohl eine externe als auch eine interne Pressekontaktdatenbank nutzen.

Vier DAX Unternehmen und drei Banken geben an, ihre Kontaktdaten ausschließlich von einem externen Dienstleister zu beziehen. Diese Unternehmen sollen in Kapitel 4.2.4 genauer betrachtet werden. Lediglich sieben der 29 befragten Unternehmen nutzen ausschließlich eine eigene Pressekontaktdatenbank, wobei ein Unternehmen sowohl der Gruppe DAX als auch den Banken zuzurechnen ist. Der Anteil der Unternehmen, die ausschließlich eine eigene Pressekontaktdatenbank pflegen, ist bei den Banken prozentual gesehen geringfügig höher.[30] Diese Abweichung, wenn sie auch nicht signifikant ist, kann in der durchschnittlich geringeren Unternehmensgröße und Internationalität der Gruppe Banken begründet sein. Diese Annahme unterstellt, dass Banken auf Grund ihres meist geringeren Aktionsradius im Schnitt

---

[27] Vgl. Anhang 5 auf Seite XV.
[28] Vgl. Liste der DAX Unternehmen mit Angabe der Mitarbeiterzahl im Anhang 5.
[29] Vgl. Anhang 5 auf Seite XIV.
[30] Vgl. Anhang 6 auf Seite XVI.

weniger Pressekontakte pflegen, die eigenständig verwaltet und aktualisiert werden können.

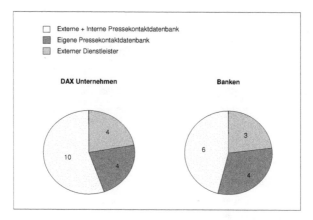

Abbildung 4-3: Verwaltung der Pressekontaktdaten im Vergleich (Quelle: eigene Darstellung auf Basis der Umfrageergebnisse)

Unternehmen, die angeben keinen externen Pressekontaktanbieter zu nutzen, werden nach ihren Gründen für die ausschließliche Nutzung einer eigenen Pressekontaktdatenbank befragt. Ein Unternehmen verweigert die Aussage. Die übrigen sechs antworten einheitlich, dass sie über eine gut funktionierende Inhouse Lösung verfügen. Drei Unternehmen geben darüber hinaus an, eine Fachkraft für die Pflege der Kontaktdaten zu beschäftigen. Der Preis oder eine mangelnde Konfigurierbarkeit externer Kontaktdatenbanken werden bei der Begründung für die Entscheidung gegen einen externen Dienstleister nicht genannt.[31] Ob die Nichtnennung des Preises eine Aussage darüber zulässt, dass die befragten Unternehmen die Funktionalität einer Presskontaktdatenbank über den Preis setzen, ist fraglich. Die Vermutung liegt nahe, dass sich besagte Unternehmen auf Grund ihrer Zufriedenheit mit der eigenen internen Lösung nicht mit den Kosten für einen externen Anbieter auseinander gesetzt haben.

---

[31] Vgl. Anhang 7 auf Seite XVI.

Auf die Frage, ob es sich bei der vom jeweiligen Unternehmen verwendeten Pressekontaktdatenbank um eine Insellösung handelt, oder ob auch andere Abteilungen oder Konzerntöchter dieselbe Datenbank nutzen, antwortete die Mehrheit der Banken, nämlich neun von 13, dass ihre Pressekontaktdatenbank nur von der Presseabteilung verwendet wird. Wie Abbildung 4-4 zeigt, nennen DAX Unternehmen zahlenmäßig dieselbe Einsatzhäufigkeit ausschließlich in der Presseabteilung. Prozentual macht diese jedoch anders als bei den Banken nicht die Mehrheit, sondern nur die Hälfte aus.[32]

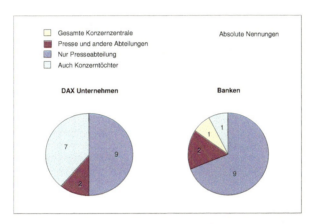

Abbildung 4-4: Verwender der eingesetzten Pressekontaktdatenbank (Quelle: eigene Darstellung auf Basis der Umfrageergebnisse)

Auffallend ist, dass die Pressekontaktdatenbank in der Gruppe der DAX Unternehmen deutlich häufiger auch von Konzerntöchtern eingesetzt wird, als dies bei den Banken der Fall ist. Eine plausible Begründung für diese Beobachtung könnte sein, dass DAX Unternehmen mehr operative Tochterfirmen haben und somit auch die Zahl der potenziellen Mitnutzer höher ist.

---

[32] Vgl. Anhang 8 auf Seite XVI.

4.1.3 Pflege und Aktualisierung der Pressekontaktdaten

Vierzehn DAX Unternehmen und zehn Banken haben angegeben, entweder ausschließlich oder zumindest ergänzend eine eigene Pressekontaktdatenbank zu nutzen.[33] Folglich müssen sie die bestehenden Kontaktdaten in regelmäßigen Abständen überprüfen und um neue Pressekontakte ergänzen.

Die Abbildung 4-5 zeigt, dass die Mehrheit der teilnehmenden Banken ihre internen Pressekontaktdaten wöchentlich auf den neuesten Stand bringt. Zwei Banken aktualisieren monatlich. In der Gruppe der DAX Unternehmen wird mehrheitlich entweder wöchentlich oder sogar täglich aktualisiert. Lediglich drei Unternehmen, darunter zwei Banken und ein DAX Unternehmen, geben an ihre eigene Pressekontaktdatenbank halbjährlich zu überprüfen.

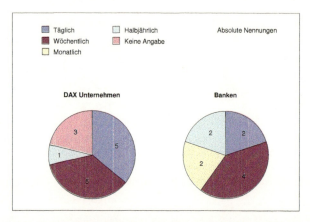

Abbildung 4-5: Häufigkeit der Aktualisierung eigener Pressekontaktdaten (Quelle: eigene Darstellung auf Basis der Umfrageergebnisse)

Auf Grund der großen Spannweite der Antworten bleibt fraglich, wie diese zu beurteilen sind. Für Unternehmen, die neben einem externen Dienstleister lediglich ergänzend eine eigene Pressekontaktdatenbank mit wenigen Kontaktpersonen pflegen, ist es möglich, diese täglich oder zumindest wöchentlich zu überprüfen. Da auch Unternehmen, die ausschließlich eine selbstän-

---

[33] Vgl. Anhang 9 auf Seite XVII.

dig verwaltete Datenbank nutzen, angeben ihre internen Pressekontaktdaten täglich oder wöchentlich zu aktualisieren, ist zu vermuten, dass diese Frage unterschiedlich aufgefasst wurde. Auf Grund des hohen Zeitaufwands für die Überprüfung aller Kontaktdaten ist anzunehmen, dass sich die drei Nennungen für eine halbjährliche Aktualisierung auf die Überprüfung der gesamten Pressekontaktdatenbank beziehen, während Unternehmen, die angeben täglich zu aktualisieren, damit ausdrücken wollten, dass sie Neuerungen unmittelbar nach Kenntnisnahme einpflegen.

Für die Aktualisierung und Pflege der internen Pressekontaktdaten sind sowohl bei den Banken als auch bei den DAX Unternehmen mehrere Personen zuständig. Wie die Abbildung 4-6 zeigt, wird die Aufgabe am häufigsten dem Verantwortungsbereich der Sekretärin zugeordnet. Acht DAX Unternehmen und sechs Banken beschäftigen einen speziellen Sachbearbeiter. Pressereferenten werden mit je sieben Nennungen ebenfalls häufig angeführt. Je zwei Banken und DAX Unternehmen nennen einen wechselnden Personenkreis.

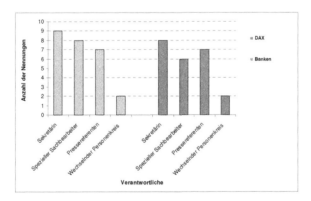

Abbildung 4-6: Verantwortliche für die Pflege der eigenen Pressekontaktdaten (Quelle: eigene Darstellung auf Basis der Umfrageergebnisse)

Pressereferenten stellen für ein Unternehmen hoch qualifiziertes Personal dar. Verwendet diese Berufsgruppe viel Zeit auf die Pflege der unternehmenseigenen Pressekontaktdaten, entstehen dem Unternehmen dadurch hohe Personalkosten. Diese müssen, genauso wie die Aufwendungen für die

Beschäftigung von speziellen Sachbearbeitern und anteilsmäßige Mehrarbeit der Sekretärin, bei der Beurteilung des Mehrwerts einer externen Pressekontaktdatenbank berücksichtigt werden.

Auf die Pflege der eigenen Pressekontaktdatenbank verwenden DAX Unternehmen durchschnittlich 2,7 Stunden pro Woche, Banken rund eine Stunde.[34] Dieser unterschiedlich hohe Zeitaufwand kann neben der Unternehmensgröße mit der Häufigkeit der Aktualisierung interner Pressekontaktdaten zusammen hängen. DAX Unternehmen aktualisieren ihre eigene Pressekontaktdatenbank im Schnitt häufiger als Banken. Es ist einleuchtend, dass sie deshalb mehr Zeit für die Datenpflege benötigen.

Interessant ist der Vergleich des Zeitaufwands für die Pflege einer eigenen Pressekontaktdatenbank mit dem einer externen. Es ist anzunehmen, dass durch die Auslagerung der Pressekontaktpflege an einen externen Dienstleister der Zeitaufwand für das Unternehmen sinkt. Die Umfrageergebnisse, in nachfolgender Grafik dargestellt, bestätigen diese Annahme weitgehend.

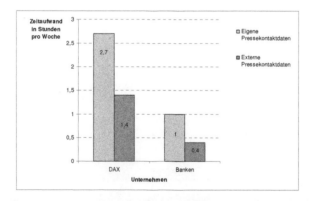

*Abbildung 4-7: Durchschnittlicher Zeitaufwand für die Pflege interner und externer Pressekontaktdaten
(Quelle: eigene Darstellung auf Basis der Umfrageergebnisse)*

---

[34] Vgl. Anhang 11 auf Seite XVII.

DAX Unternehmen benötigen wöchentlich für die Pflege externer Pressekontaktdaten durchschnittlich 1,4 Stunden. Dies entspricht einer Zeitersparnis von rund 1,3 Stunden pro Woche gegenüber der Pflege einer eigenen Pressekontaktdatenbank. In der Gruppe der Banken nimmt der Zeitaufwand für die Pflege der Pressekontaktdaten mit 0,4 Stunden im Durchschnitt gegenüber einer Stunde sogar um mehr als die Hälfte ab.[35]

Auffallend ist, dass DAX Unternehmen im Schnitt auch für die Pflege der externen Pressekontaktdaten mehr Zeit aufwenden als Banken. Hier kann die Abweichung nicht mit der höheren Aktualisierungsfrequenz bei DAX Unternehmen erklärt werden. Schließlich erfolgt die Aktualisierung der externen Pressekontaktdatenbank nicht durch das Unternehmen, sondern durch den jeweiligen Dienstleister. Da bei der Berechnung des durchschnittlichen Zeitaufwands die Personenzahl in der Presseabteilung nicht berücksichtigt wird, ist es wahrscheinlich, dass die Differenz mit der höheren Mitarbeiterzahl in der Presseabteilung von DAX Unternehmen zusammenhängt. Es ist davon auszugehen, dass beim Ausfüllen des Fragebogens der jeweilige Pressemitarbeiter den eigenen Zeitaufwand für Pflege zu Grunde legt und in Anlehnung an die Anzahl der in der Presseabteilung beschäftigten Mitarbeiter hochrechnet. Das ist eine mögliche Erklärung für die höhere Zeitangabe in der Gruppe der DAX Unternehmen.

4.2 Nutzung von Pressekontaktanbietern

Die große Mehrheit der Unternehmen hat angegeben einen **externen Dienstleister** in Anspruch zu nehmen. Unter den 23 Nennungen sind **vierzehn DAX** Unternehmen und **neun Banken**. Sechs Unternehmen nutzen ausschließlich eine externe Pressekontaktdatenbank.

Dieser Abschnitt soll Erkenntnisse darüber liefern, wer in die Entscheidungsfindung für eine externe Pressekontaktdatenbank eingebunden war, welche Pressekontaktanbieter von DAX Unternehmen und Banken schwerpunktmäßig in Anspruch genommen werden und wie zufrieden die Unternehmen

---

[35] Vgl. Anhang 12 auf Seite XVIII.

mit dem jeweiligen Anbieter sind. Dabei sollen die Unternehmen, die ausschließlich einen externen Anbieter nutzen, genauer betrachtet werden.

4.2.1 Entscheidungsträger für eine externe Pressekontaktdatenbank

Abbildung 4-8 zeigt, welcher Personenkreis in die Entscheidung für einen bestimmten Pressekontaktanbieter involviert ist. Da fünf DAX Unternehmen keine Angabe gemacht haben, sind beide Stichproben gleich groß, was einen direkten Vergleich der absoluten Zahlen nicht nur innerhalb einer Gruppe, sondern auch zwischen den Gruppen zulässt.

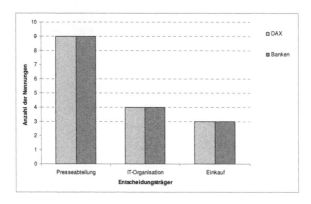

Abbildung 4-8: Entscheidungsträger bezüglich eines Pressekontaktanbieters (Quelle: eigene Darstellung auf Basis der Umfrageergebnisse)

DAX Unternehmen und Banken unterscheiden sich bei ihren Antworten nicht. Die Presseabteilung ist erwartungsgemäß bei allen befragten Unternehmen der Hauptentscheidungsträger für die zukünftige Pressekontaktdatenbank. Schließlich müssen die Pressemitarbeiter mit dieser arbeiten. Bei knapp der Hälfte der Unternehmen wurde zudem die IT Organisation in den Entscheidungsprozess eingebunden. Vor dem Hintergrund möglicher Kompatibilitätsprobleme mit bereits im Unternehmen eingesetzter Software und Sicherheitssystemen ist es empfehlenswert, vor der Wahl eines Produkts mit der IT-Abteilung Rücksprache zu halten. Das Umfrageergebnis zeigt jedoch, dass die Funktionalität klar vor den Ansprüchen der IT-Abteilung rangiert. Die Entscheidung wird auf der Ebene der Nutzer getroffen. Die Unternehmensleitung wird nicht eingebunden. Als dritten Entscheidungsträger nennt ein Drittel der Unternehmen die Einkaufsabteilung, die vermutlich primär aus organisatorischen Gründen beteiligt wird.[36]

4.2.2 Nutzung der verschiedenen Pressekontaktanbieter

Alle Umfrageteilnehmer machen Angaben darüber, welchen Pressekontaktanbieter sie aktuell nutzen bzw. in der Vergangenheit genutzt haben. Mehrfachnennungen waren möglich. Die vierzehn DAX Unternehmen geben 16 Nennungen ab. Aus der Zahl ist ersichtlich, dass es Unternehmen gibt, die mehr als einen Anbieter nutzen. Der Anteil der Unternehmen, die zeitgleich mehrere Anbieter nutzen, ist in der Gruppe Banken geringfügig höher. Neun Banken machen 12 Nennungen.[37] Die nachfolgende Grafik zeigt die verschiedenen Pressekontaktanbieter, die von den befragten Unternehmen aktuell genutzt werden.

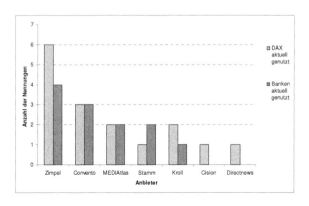

Abbildung 4-9: Benchmark der aktuell genutzten Pressekontaktanbieter (Quelle: eigene Darstellung auf Basis der Umfrageergebnisse)

Auf Platz eins kommt **Zimpel**, der aktuell von sechs DAX Unternehmen und vier Banken genutzt wird. Knapp dahinter rangiert der Anbieter **Convento**, der momentan in je drei Banken und DAX Unternehmen eingesetzt wird. Der dritte Platz wird in jeder Gruppe doppelt belegt. DAX Unternehmen und

---

[36] Vgl. Anhang 14 auf Seite XVIII.

Banken nennen mit je zwei Stimmen einheitlich **MEDIAtlas**[38] als Drittplazierten. Jedoch wird bei den DAX Unternehmen Kroll und bei den Banken Stamm ebenso häufig genannt.

Vergleicht man die aktuelle Nutzungshäufigkeit der jeweiligen Pressekontaktanbieter mit der vergangenen, zeichnet sich ab, dass einzelne Anbieter von den Befragten seltener oder gar nicht mehr eingesetzt werden. Dagegen hat die Nutzungshäufigkeit anderer Anbieter stark zugenommen. Abbildung 4-10 zeigt die Nutzungshäufigkeit der verschiedenen Pressekontaktanbieter im Zeitvergleich früher und heute, wobei zur besseren Unterscheidung DAX Unternehmen in Blau- und Banken in Rottönen dargestellt sind.

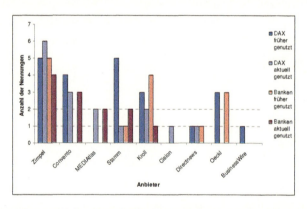

Abbildung 4-10: Nutzung der Pressekontaktanbieter im Zeitverlauf (Quelle: eigene Darstellung auf Basis der Umfrageergebnisse)

Es fällt auf, dass in obiger Grafik zwei Anbieter hinzugekommen sind, die nicht mehr genutzt werden: **Oeckl** und **BusinessWire**. Oeckl wurde in der Vergangenheit von je drei Banken und DAX Unternehmen verwendet, BusinessWire von einem DAX Unternehmen. Die Tatsache, dass beide Dienstleister heute nicht mehr genutzt werden, legt die Vermutung nahe, dass ihr Leistungsangebot nicht ausreichend an Neuerungen angepasst wurde oder einige der in Kapitel 5.1 erläuterten wichtigen Kriterien für Pressekon-

---

[37] Vgl. Anhang 10 auf Seite XVII.
[38] MEDIAtlas ist das Produkt von news aktuell. Wegen der hohen Bekanntheit von MEDIAtlas wird in den Abbildungen der Name des Produkts an Stelle des Anbieters genannt.

taktdatenbanken nicht zufrieden stellend erfüllt wurden. Ein offensichtlicher Malus des Anbieters Oeckl ist, dass Pressekontaktdaten ausschließlich als Taschenbuch oder auf CD-Rom angeboten werden. Eine Online-Ausgabe existiert nicht. BusinessWire versteht sich hingegegen als Nachrichtendienstleister. Das Unternehmen unterstützt seine Kunden bei der Verbreitung von Unternehmensmitteilungen, stellt ihnen jedoch keine Pressekontaktdaten zur Verfügung.

Directnews hält sich auf niedrigem Niveau mit aktuell einer, früher zwei Nennungen. **Cision**, in der Vergangenheit nicht genannt, kann dagegen immerhin einen Kunden aus der Untersuchungsgruppe gewinnen. Die Anzahl der Nutzer des Anbieters **Kroll** hat deutlich abgenommen. Während es in der Vergangenheit noch drei Banken und vier DAX Unternehmen waren, werden die Produkte dieses Dienstleisters aktuell nur noch von zwei Banken und einem DAX Unternehmen verwendet. Eine ähnliche Entwicklung ist bei dem Anbieter **Stamm** zu verzeichnen. Haben in der Vergangenheit noch fünf DAX Unternehmen dessen Dienstleistungen in Anspruch genommen, so ist es aktuell nur noch eines. Das entspricht einem Rückgang von 80 Prozent in der DAX Gruppe. Warum die Anzahl der Nutzer dieses Anbieters bei DAX Unternehmen zurückgegangen, während sie in der Banken Gruppe gestiegen ist, bleibt zu klären. In Kapitel 5.1 werden die Anforderungen an eine externe Pressekontaktdatenbank näher analysiert, deren Erfüllung durch die jeweiligen Anbieter in Kapitel 6.1.2 beurteilt werden soll. Möglicherweise kann dieser Vergleich eine Erklärung für die unterschiedliche Nutzungshäufigkeit des Anbieters Stamm liefern.

Betrachtet man die Anzahl der Nutzer der meistgenannten Anbieter im Zeitverlauf, ergibt sich für **Zimpel** eine annähernd gleich bleibende Nutzung. Während in der Gruppe der DAX Unternehmen ein Anwender hinzugekommen ist, wurde es in der Bankengruppe einer weniger. Beim Zweitplazierten, **Convento**, ist die Anwenderzahl in der DAX Gruppe mit zuvor vier und aktuell drei Nennungen nahezu konstant geblieben. In der Untersuchungsgruppe der Banken wurde Convento in der Vergangenheit noch nicht eingesetzt. Gegenwärtig geben drei Banken an, Convento zu nutzen. Bemerkenswert ist, dass es sich bei diesen drei Banken um Unternehmen handelt, die ausschließlich eine externe Pressekontaktdatenbank nutzen. Während Oeckl in der Vergangenheit verhältnismäßig oft verwendet wurde, heute aber in der Untersuchungsgruppe nicht mehr eingesetzt wird, verhält es sich mit dem **MediAtlas** von news aktuell genau spiegelbildlich. Das Unternehmen ist ein Newcomer und scheint sich in besonderem Maße dadurch auszuzeichnen, die bereits in Kapitel 2.2 näher erläuterten gewachsenen Anforderungen des Marktes und der Medienlandschaft rechtzeitig zu erkennen und zu erfüllen. Aktuell nutzen je zwei Banken und DAX Unternehmen das Produkt MediAtlas.

4.2.3 Zufriedenheit mit den Pressekontaktanbietern

In Frage elf der schriftlichen Befragung sind die Umfrageteilnehmer aufgefordert, ihren Pressekontaktanbieter mit Schulnoten von eins (sehr gut) bis fünf (mangelhaft) zu bewerten. Insgesamt werden 35 Bewertungen abgegeben. Um die Anbieter besser vergleichen zu können, wird bei der Auswertung jeweils eine Durchschnittsnote ermittelt. Da die einzelnen Pressekontaktanbieter nicht gleich häufig bewertet werden, wird darauf hingewiesen, dass die Aussagekraft dieser Durchschnittsnoten unterschiedlich ist. Zur besseren Beurteilung der Aussagekraft wird deshalb die Anzahl der zugrunde liegenden Bewertungen angeführt. Nachfolgende Tabelle zeigt die von den teilnehmenden Unternehmen in Schulnoten ausgedrückte Zufriedenheit mit den einzelnen Pressekontaktanbietern in der Übersicht.

	sehr gut	gut	befriedigend	ausreichend	ungenügend	Anzahl Bewertungen	Ø Bewertung
Convento	1	3	2		1	7	2,6
Cision			1			1	3
Directnews	1	2				3	1,7
MEDIAtlas		3				3	2
Zimpel		2	6	2		10	3
Kroll		2	2	1		5	2,8
Oeckl				1		1	4
Stamm		1	2	1		4	3
BusinessWire			1			1	3

Abbildung 4-11: Zufriedenheit mit den verschiedenen Pressekontaktanbietern (Quelle: eigene Darstellung auf Basis der Umfrageergebnisse)

Am besten schneidet **Directnews** mit der Durchschnittsnote 1,7 ab, gefolgt von **MEDIAtlas** mit 2,0 und **Convento** mit 2,6. Da Convento von sieben, Directnews und MEDIAtlas jedoch nur von je drei Unternehmen beurteilt werden, ist die Zufriedenheitsbewertung von Convento deutlich aussagekräftiger. Am gehaltvollsten ist die Beurteilung des Anbieters **Zimpel**, der von zehn Unternehmen bewertet wird und die Durchschnittsnote befriedigend bekommt. Damit rangiert Zimpel gemeinsam mit **Cision**, **Stamm** und **Businesswire** auf Platz fünf hinter dem Pressekontaktanbieter **Kroll**, der die Durchschnittsnote 2,8 erhält. Die schlechteste Beurteilung bekommt **Oeckl**, mit der Note ausreichend. Wenn diese auch nur auf der Aussage eines Unternehmens basiert, stützt die Benotung die im vorigen Kapitel aufgestellte These, dass der Anbieter die Anforderungen seiner Nutzer nicht zufrieden stellend erfüllen konnte. Das wiederum erklärt, warum Oeckl aktuell von keinem Unternehmen der Untersuchungsgruppe mehr eingesetzt wird.

Kapitel 4.2.2 hat gezeigt, dass mehrere Unternehmen Erfahrung mit verschiedenen Pressekontaktanbietern gesammelt und ihren Dienstleister bereits ein bis zwei Mal gewechselt haben. In einer abschließenden offenen Frage werden die Unternehmen deshalb gebeten, ihre Gründe für den Anbieterwechsel zu nennen und Verbesserungsvorschläge zu äußern. Lediglich sieben Unternehmen sind dieser Aufforderung gefolgt. Da sich darunter auch Unternehmen befinden, die mehrere Anbieter nutzen, lassen sich die Aussagen keinem Pressekontaktanbieter direkt zuordnen und sollen deshalb stichwortartig aufgelistet werden. Die Antworten können Unternehmen bei der Suche eines geeigneten Pressekontaktanbieters insofern nützlich sein, als dass sie auf Aspekte hinweisen, die nicht jeder Anbieter selbstverständlich erfüllt und die deshalb – bei Relevanz für das jeweilige Unternehmen – vor der Entscheidung für einen Anbieter gründlich abgeklärt werden sollten.

Die genannten Gründe sind neben einem schlechten Preis-Leistungs-Verhältnis und der schlechten Aktualität der Daten eine unzureichende Benutzerfreundlichkeit der Software und die fehlende Funktion zur Integration bereits bestehender Kontaktdaten. Zudem wird das Verteilermanagement kritisiert und eine komfortable Kontakt-Historienfunktionalität vermisst, die – so der Wortlaut des Umfrageteilnehmers – der aktuell genutzte Anbieter besser erfüllen kann. Über den momentan verwendeten Anbieter macht das entsprechende Unternehmen jedoch keine Angabe. Bezogen auf die angebotenen Kontaktinformationen gibt ein Unternehmen die mangelnde Bereitstellung von Pressekontaktdaten spezieller Fachpresse durch seinen Anbieter als

Grund für den Wechsel an. Ein anderes Unternehmen wünscht sich neben internationalen Pressekontakten auch Kontakte internationaler Korrespondenten. Des Weiteren treten Probleme bei der Überwindung interner Sicherheitsanforderungen auf, wodurch die Kompatibilität eingeschränkt ist.

4.2.4 Nähere Betrachtung der Unternehmen, die ausschließlich einen externen Pressekontaktanbieter nutzen

Unternehmen, die über keine eigene Pressekontaktdatenbank verfügen, sind auf die Leistungen des jeweiligen externen Dienstleisters angewiesen. Es ist davon auszugehen, dass sie auf Grund des Abhängigkeitsverhältnisses, in das sie sich durch die Festlegung auf einen externen Anbieter begeben, bei der Auswahl dieses Anbieters besondere Sorgfalt walten lassen. Der gewählte Anbieter muss sämtliche Leistungen, die dem Unternehmen wichtig sind, erfüllen können.

Die sechs Unternehmen, die ihre Pressekontaktdaten ausschließlich aus fremder Hand beziehen werden im Folgenden genauer betrachtet. Dabei wird zunächst untersucht, welche Anbieter von den Unternehmen genutzt werden und wie zufrieden sie mit dem jeweiligen Anbieter sind. Dann werden die zugrunde liegenden unternehmensspezifischen Anforderungen näher betrachtet, um festzustellen, welche Kriterien dem jeweiligen Unternehmen bei der Wahl des Pressekontaktanbieters wichtig sind. Ziel ist es, Erkenntnisse darüber zu gewinnen, ob es einen Pressekontaktanbieter gibt, der die Anforderungen eines Unternehmens ohne eigene Pressekontaktdatenbank zufrieden stellend erfüllen kann und ob ein Zusammenhang zwischen gewünschten Leistungen und Anbieterwahl festzustellen ist.

Unter den sechs Unternehmen, die keine eigene Pressekontaktdatenbank pflegen, sind vier DAX Unternehmen und drei Banken, wobei ein Unternehmen sowohl der Gruppe DAX als auch Banken zuzuordnen ist. Die genutzten Anbieter sind in Abbildung 4-12 dargestellt. Die Abbildung zeigt, dass von den sechs Unternehmen aktuell zwei Pressekontaktanbieter genutzt werden – Convento und Stamm.

	DAX		Banken	
	früher genutzt	aktuell genutzt	früher genutzt	aktuell genutzt
Convento		1		2
Stamm				1
Zimpel	1		1	
Keine Angabe		3		

*Abbildung 4-12: Exklusiv genutzte Pressekontaktanbieter
(Quelle: eigene Darstellung auf Basis der Umfrageergebnisse)*

Von den vier DAX Unternehmen macht ein Unternehmen eine Angabe zur Anbieternutzung (gelb hervorgehoben). Aktuell heißt der Pressekontaktanbieter Convento. Zuvor war Zimpel im Einsatz. Eine Erklärung für den Anbieterwechsel ergibt sich aus der Gegenüberstellung von Anbieternutzung und Zufriedenheitsbeurteilung, die in Abbildung 4-13 dargestellt ist.

Bewertung	sehr gut		gut	befriedigend	ausreichend
	DAX	Banken	Banken	Banken	DAX
Convento	1	1	1	1	
Stamm			1		
Zimpel					4

*Abbildung 4-13: Bewertung der exklusiv genutzten Pressekontaktanbieter
(Quelle: eigene Darstellung auf Basis der Umfrageergebnisse)*

Die Bewertung von Zimpel mit ausreichend lässt darauf schließen, dass der Anbieter wichtige Kriterien des DAX Unternehmens nicht zufrieden stellend erfüllen konnte. Bei Convento scheint dies der Fall zu sein, da dieser Anbieter von genanntem Unternehmen (gelbe Markierung) mit sehr gut bewertet wird. Um daraus abzuleiten, welche Kriterien Convento offensichtlich besser erfüllt, soll anhand des Fragebogens überprüft werden, welche Kriterien dem DAX Unternehmen bei der Entscheidung für einen Pressekontaktanbieter besonders wichtig waren. Es handelt sich dabei primär um Anforderungen bezogen auf das Aussendemanagement und die Software. Während, wie in Kapitel 5.1.3 näher erläutert wird, Leistungen wie Schnelligkeit und Benutzerfreundlichkeit von den meisten Unternehmen als wichtig eingestuft werden, sind besagtem DAX Unternehmen darüber hinaus die Funktionen Überschreib- und Löschschutz, Sicherheitssystem mit Userberechtigungen und die Anpassung der Benutzeroberfläche an eigene Bedürfnisse besonders wichtig. Außerdem werden die Funktionen „Benutzung des vom Empfänger bevorzugten Kanals beim Versand" und „Abwicklung aller Veröffentlichungen durch den externen Dienstleister" mit sehr wichtig bewertet. Die Annahme liegt nahe, dass Zimpel diese Anforderungen unzureichend, Convento dagegen gut erfüllt.

Die drei Banken, die ebenfalls ausschließlich den Anbieter Convento nutzen, bewerten Convento durchschnittlich mit gut. Obige Gegenüberstellung der Anforderungen lässt sich für zwei der drei Banken durchführen. Die dritte Bank nutzt parallel zu Convento den Anbieter Stamm, was dazu führt, dass ihre Angaben keinem der beiden Anbieter eindeutig zugeordnet werden können. Bei der Analyse der Anforderungen, die von den beiden anderen Banken als sehr wichtig eingestuft werden, ergibt sich ein verblüffendes Ergebnis: Sie haben im Bereich Aussendemanagement und Anforderungen an die Software in Frage sechs des Fragebogens dieselben Leistungen als sehr wichtig markiert, wie das zuvor untersuchte DAX Unternehmen: Das stützt die zuvor getroffenen Annahme, dass Convento diese Leistungen gut erfüllt.

Zum Vergleich: Die Bank, die den Anbieter Stamm einsetzt, nennt in diesem Leistungskomplex lediglich Schnelligkeit und Benutzerfreundlichkeit als sehr wichtige Kriterien und legt ihre Prioritäten bei der Gewichtung der Anforderungen auf den Themenkomplex Umfang und Aktualität der Pressekontaktdaten.

Wenn allgemeine Schlussfolgerungen auf Grund der geringen Untersuchungsgröße auch nur bedingt möglich sind, ist festzustellen, dass die Mehrheit der Unternehmen, die keine eigene Pressekontaktdatenbank pflegen, einen Anbieter bevorzugen, der nicht nur Pressekontaktdaten, sondern auch die notwendige Software und umfangreiche Versandfunktionen bereitstellt. Auch ein Zusammenhang zwischen Anforderungsprofil und Anbieterwahl ist offensichtlich. Stamm ist der Anbieter der Wahl, wenn für den Anwender die Inhalte von Pressekontakten im Vordergrund stehen. Unternehmen, die hohe Anforderungen an das Aussendemanagement stellen, geben Convento den Vorzug. Die Beobachtung dieser unterschiedlichen Anbieternutzung wird plausibel, wenn man die Angebotspalette der beiden näher untersuchten Dienstleister einbezieht. Bei Stamm handelt es sich um einen reinen Inhalteanbieter von Pressekontaktdaten. Convento bietet dagegen Pressekontaktdaten und eine Pressekontaktsoftware aus einer Hand.[39] Es liegt nahe, dass Unternehmen, die hohe Anforderungen an das Aussendemanagement und die unterstützend eingesetzte Software stellen, zu einem Anbieter tendieren, der diese Leistungen zusätzlich zu Pressekontaktdaten bereitstellen kann.

Eine Aussage zu treffen, welcher Anbieter die Anforderungen eines Unternehmens ohne eigene Pressekontaktdatenbank am besten erfüllt, ist bei der geringen Anzahl der betrachteten Unternehmen ebenfalls schwierig, nicht zuletzt auch auf Grund der Tatsache, dass Anforderungsprofil und Anbieternutzung der eingeschränkten Untersuchungsgruppe nicht einheitlich sind. Convento wird von den Umfrageteilnehmern ohne eigene Pressekontaktdatenbank am häufigsten eingesetzt. Bezieht man die durchschnittlich gute Bewertung dieses Pressekontaktanbieters in die Beurteilung ein, lässt sich abschließend zumindest sagen, dass Convento wichtige Anforderungen der befragten Unternehmen ohne eigene Pressekontaktdatenbank zufrieden stellend erfüllen kann und sich als ausschließlicher Pressekontaktanbieter bewährt hat.

---

[39] Auf die Einteilung von Pressekontaktanbietern wird in Kapitel 6.1.1 näher eingegangen.

5 Anforderungen an Pressekontaktdatenbanken

Nachdem in Kapitel 4 die Organisation der Pressearbeit in Großunternehmen näher beleuchtet und ein Überblick über den Einsatz der verschiedenen Pressekontaktanbieter gegeben wurde, sollen in diesem Kapitel Anforderungen an Pressekontaktdatenbanken herausgearbeitet werden. Zunächst werden dabei die Anforderungen betrachtet, die sich aus der Umfrage ergeben. Da ein Ziel dieser Arbeit darin besteht, einen geeigneten Pressekontaktanbieter für die LBBW zu finden, werden in einem zweiten Schritt die speziellen Anforderungen der Landesbank zusammengefasst. Abschließend werden der Vergleichbarkeit wegen konsensfähige Gütekriterien für Pressekontaktdatenbanken festgelegt, deren Erfüllung durch die einzelnen Pressekontaktanbieter in Kapitel 6.1.2 in Form einer Matrix dargestellt ist.

5.1 Anforderungen von Banken und DAX Unternehmen im Vergleich

In Frage sechs der schriftlichen Umfrage werden die Teilnehmer aufgefordert zu bewerten, wie bedeutend sie verschiedene Leistungen einer Pressekontaktdatenbank einstufen. Bei der Beantwortung ist eine Gewichtung in fünf Stufen von unwichtig bis sehr wichtig möglich. Die Frage wird von allen Teilnehmern gültig beantwortet.

Um die Ergebnisse übersichtlicher darzustellen, werden die Antworten bei der Auswertung gruppiert. Die Angaben „sehr wichtig" und „wichtig" werden zu „wichtig", die Nennungen „unwichtig" und eher unwichtig zu „unwichtig" zusammengefasst. Die Gliederung der Anforderungen nach Themenblöcken, wie sie im Fragebogen aufgeführt werden, bleibt bei der Analyse der Antworten erhalten. Auf Grund der unterschiedlichen Gruppengröße von DAX Unternehmen und Banken wird die Bedeutung der jeweiligen Kriterien für die Anwender in diesem Kapitel prozentual berechnet. Die anteilmäßige Darstellung soll einen Vergleich der beiden Gruppen ermöglichen, um mögliche Abweichungen der Angaben von DAX Unternehmen und Banken festzustellen und Rückschlüsse daraus zu ziehen. Die Darstellung der absoluten

Nennungen, wie sie im vorigen Kapitel gewählt wurde, lässt ausschließlich eine Aussage über die Rangreihung der Anforderungen innerhalb einer Untersuchungsgruppe zu. Dieser ist Kapitel 5.3. gewidmet.

5.1.1 Anforderungen an den Inhalt der Pressekontaktdaten

Pressekontaktdatenbanken müssen vieles leisten. Abbildung 5-1 zeigt, welche Anforderungen DAX Unternehmen und Banken an Umfang und Aktualität der Pressekontaktdaten stellen.

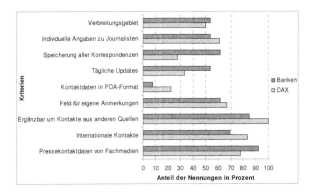

Abbildung 5-1: Anforderungen an den Inhalt der Pressekontaktdaten (Quelle: eigene Darstellung auf Basis der Umfrageergebnisse)

DAX Unternehmen sind sich einig, dass sich eine externe Pressekontaktdatenbank auf jeden Fall um Kontakte aus anderen Quellen ergänzen lassen muss. Auch rund 85 Prozent der Banken haben dieses Kriterium als wichtig oder sogar sehr wichtig eingestuft. Die hohe Bedeutsamkeit wirkt vor dem Hintergrund plausibel, dass einige Unternehmen sowohl eine eigene als auch eine externe Pressekontaktdatenbank nutzen und es ihnen folglich ein Anliegen ist, Kontakte aus bestehenden Datenbanken einbinden zu können. Noch wichtiger ist den Banken, dass ihr Pressekontaktanbieter auch Kontaktdaten von Fachmedien zur Verfügung stellt. Diese Anforderung wird von 92 Prozent der Banken und 78 Prozent der DAX Unternehmen gestellt. Eine mögliche

Begründung für die rund 20 Prozent[40] höhere Bedeutsamkeit dieses Kriteriums in der Bankengruppe ist, dass es sich bei der Finanzbranche um einen sensiblen Bereich handelt. Kunden informieren sich zunehmend aus Fachmedien, weshalb Banken verstärkt Pressekontaktdaten aus diesem Bereich benötigen. Den DAX Unternehmen ist es im Vergleich zur Bankengruppe wichtiger, dass ihr Anbieter neben nationalen auch internationale Kontaktdaten bereitstellt. 83 Prozent der DAX Unternehmen und 69 Prozent der Banken sprechen sich für dieses Feature aus. Damit rangiert die Verfügbarkeit internationaler Kontakte auf Platz zwei bzw. drei im Themenblock Umfang und Aktualität von Pressekontaktdaten. Erklären lässt sich die unterschiedliche Gewichtung damit, dass DAX Unternehmen tendenziell mehr internationale Niederlassungen haben. Außerdem setzen, wie bereits in Kapitel 4.1.2 dargestellt, Konzerntöchter von DAX Unternehmen häufiger denselben Datenbankanbieter ein, als dies in der Gruppe der Banken der Fall ist.

Auf Position vier kommt das Einfügen von eigenen Anmerkungen zum jeweiligen Journalisten. Das ist 67 Prozent der DAX Unternehmen und 62 Prozent der Banken wichtig, gefolgt von einem Feld für individuelle Angaben zu einzelnen Pressekontakten. Eine Auskunft über das Verbreitungsgebiet des Mediums, für das der jeweilige Journalist tätig ist, bedeutet Banken mit 54 und DAX Unternehmen mit 50 Prozent etwa gleich viel.

Deutliche Abweichungen ergeben sich bei der Gewichtung der folgenden Kriterien: Kontaktdaten in PDA-Format, tägliche Verfügbarkeit von Updates und Speicherung aller Korrespondenzen mit einem Journalisten. Die größte Differenz zwischen den als wichtig eingestuften Anforderungen der DAX Unternehmen und Banken besteht in der Speicherung aller Korrespondenzen mit einem Journalisten. Während diese Leistung 28 Prozent der DAX Unternehmen wichtig ist, sind es in der Gruppe der Banken mit 62 Prozent mehr als doppelt so viele. Worin ist dieser Unterschied begründet? Eine mögliche Erklärung ist, dass ein Vermerk aller Einzelkorrespondenzen mit dem jeweiligen Journalisten DAX Unternehmen, die durchschnittlich mehr Pressemitteilungen an einen umfangreicheren Journalistenkreis schicken, geringeren

---

[40] Vgl. Anhang 15 auf Seite XIX.

Mehrwert stiftet. Die befragten Banken sind weniger international aufgestellt und können die in der Kontakthistorie gesammelten Informationen zum einzelnen Journalisten auf Grund ihrer räumlichen Nähe umfangreicher nutzen.

Bei der Verfügbarkeit von täglichen Updates gehen die Nennungen ebenfalls auseinander. 33 Prozent der DAX Unternehmen stufen dieses Kriterium als wichtig ein. Bei den Banken sind es mit 54 Prozent deutlich mehr. Dieser Unterschied könnte damit zu erklären sein, dass Banken mit ihren Finanzierungs- und Refinanzierungsgeschäften unmittelbar von den Kapitalmärken abhängig sind. Banken haben aufgrund ihres Geschäftsfeldes grundsätzlich eine geringere Eigenkapitalausstattung als beispielsweise Industrieunternehmen. Fallen Refinanzierungsmöglichkeiten aus, können Banken in der Regel schneller als andere Unternehmen in Liquiditätsengpässe geraten, wie die Subprime Krise 2007 gezeigt hat. Aufgrund der hohen Abhängigkeit der Bankenbrache von internationalen Kapitalmärken ist eine effektive Kapitalmarktkommunikation essentiell. Um diese jederzeit gewährleisten zu können, sind vollständige und aktuelle Pressekontaktdaten unerlässlich.

Auf Kontaktdaten in PDA Format legen wiederum die DAX Unternehmen mehr Wert. Gemessen an der in diesem Kapitel näher untersuchten Wichtigkeit der Anforderungen an Pressekontaktdatenbanken bezogen auf Umfang und Aktualität, spielt das Datenformat eine nachgeordnete Rolle.

5.1.2 Anforderungen an das Aussendemanagement

Unter Aussendemanagement sind sämtliche Leistungen eines Pressekontaktanbieters zusammengefasst, die mit dem Versand von EMails oder Faxen zusammenhängen und diesen Vorgang optimieren und erleichtern sollen. In der schriftlichen Befragung werden die Teilnehmer gebeten, vier Kriterien im Zusammenhang mit dem Versand zu bewerten. Die Antworten zeigen, dass mit den vorgegebenen Kriterien die von Großunternehmen gestellten wichtigsten Anforderungen an eine Pressekontaktdatenbank getroffen sind, da in einem für „weitere Kriterien" vorgesehen Feld keine Ergänzungen vorgenommen werden. Abbildung 5-2 zeigt die Bewertung der verschiedenen Leistungen in der Übersicht.

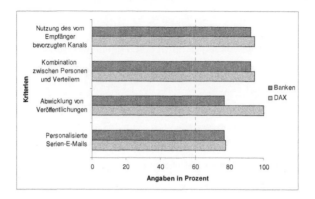

Abbildung 5-2: Anforderungen an das Aussendemanagement (Quelle: eigene Darstellung auf Basis der Umfrageergebnisse

Es fällt auf, dass es in diesem Themenblock keine größeren Differenzen zwischen den Anforderungen der DAX Unternehmen und denen der Banken gibt. Beiden Untersuchungsgruppen waren sämtliche im Fragebogen genannten Leistungen im Zusammenhang mit dem Versand wichtig. Die Tatsache, dass Unternehmen eine Funktion schätzen, die es ihnen ermöglicht, Journalisten Mitteilungen auf den von diesem bevorzugten Kanal zukommen zu lassen, zeigt den in Presseabteilungen erstarkten Servicegedanken. Diese Funktion wird von rund 92 Prozent der Banken und 94 Prozent der DAX Unternehmen gefordert. Pressereferenten reagieren auf die in Kapitel 2.3 aufgezeigten harten Bedingungen des journalistischen Alltags und versuchen durch gezielte Zustellung bei Journalisten zu punkten, indem sie ihre Nachrichtenschwemme reduzieren. Personalisierte Serien EMails ermöglichen eine direkte Ansprache des zuständigen Redakteurs und unterstützen den Aufbau persönlicher Beziehungen. Die hohe Gewichtung dieser Anforderung an eine Pressekontaktdatenbank zeigt, dass sich Pressemitarbeiter dieser Funktion bewusst sind. 77 Prozent der Banken und 78 Prozent der DAX Unternehmen stufen eine Serienbrieffunktion als wichtig oder gar sehr wichtig ein.

Häufig existieren private Kontakte zu Journalisten, die einem anhand von definierten Kriterien automatisiert erstellten Verteiler hinzugefügt und bei Aussendungen mitberücksichtigt werden sollen. Vor diesem Hintergrund ist auch die mit 92 Prozent in der Gruppe der Banken und 94 Prozent bei DAX Unternehmen hoch gewichtete Anforderung einer Kombinationsmöglichkeit zwischen Personen und Verteilern beim Versand zu verstehen.

5.1.3 Anforderungen an die Software und den Service

Wie die nachfolgende Grafik zeigt, müssen Pressekontaktdatenbanken vor allem schnell sein. Alle Banken und 95 Prozent der DAX Unternehmen stufen dieses Kriterium als äußerst wichtig ein. An zweiter Stelle wird die Benutzerfreundlichkeit des Programms genannt, die rund 90 Prozent der Banken und 92 Prozent der DAX Unternehmen fordern.

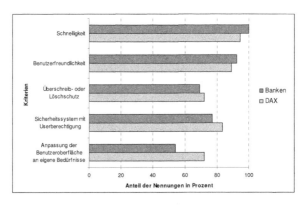

Abbildung 5-3: Anforderungen an die Software von Pressekontaktdatenbanken
(Quelle: eigene Darstellung auf Basis der Umfrageergebnisse)

Ein Sicherheitssystem mit individuell konfigurierbaren Userberechtigungen ist 83 Prozent der DAX Unternehmen und 77 Prozent der Banken wichtig. Vor dem Hintergrund, dass dieselbe Pressekontaktdatenbank von verschiedenen Nutzern innerhalb des Konzerns und vor allem in der Gruppe der DAX Unternehmen auch von Konzerntöchtern eingesetzt wird, ist diese Wichtigkeit verständlich. Dasselbe gilt für einen Überschreib- bzw. Löschschutz, der 72 Prozent der Banken und 69 Prozent der DAX Unternehmen wichtig ist.

Kapitel 4.1.3 hat gezeigt, dass Pressekontaktdaten von verschiedenen Personen eingepflegt werden. Folglich ist es sinnvoll, sich auch über den Sicherheitsaspekt Gedanken zu machen.

Eine gewisse Abweichung zwischen den Nennungen der Banken und DAX Unternehmen ergibt sich bei der Anpassung der Benutzeroberfläche an eigene Bedürfnisse. Diese Anforderung stellen rund 72 Prozent der DAX Unternehmen und 54 Prozent der Banken an eine Pressekontaktdatenbank. Vor allem in der Gruppe der DAX Unternehmen wird dieselbe Datenbank häufig auch von Konzerntöchtern eingesetzt. Internationale Unternehmensstandorte erfordern Anpassungen an lokale Gegebenheiten. Vor diesem Hintergrund ist die stärkere Gewichtung dieses Kriteriums zu verstehen.

5.1.4 Wert von Extra-Leistungen

Unternehmen nutzen nicht nur für Pflege und Aktualisierung ihrer Pressekontaktdaten einen externen Dienstleister. Häufig wird auch die Erstellung des Pressespiegels ausgelagert und die Medienresonanzanalyse von PR Agenturen durchgeführt. In der Umfrage werden die Unternehmen aufgefordert zu bewerten, wie wichtig ihnen Extra-Leistungen sind. Die Ergebnisse sind in Abbildung 5-4 dargestellt.

83 Prozent der Banken legen gesteigerten Wert auf Media Daten. Diese Leistung wird in der Gruppe der Banken fast doppelt so häufig genannt wie bei den DAX Unternehmen. Eine mögliche Erklärung ist, dass Banken auf Grund der geringeren Mitarbeiterzahl in der Presseabteilung weniger Arbeitszeit für Eigenrecherche zur Verfügung steht und sie diese Informationen deshalb bevorzugt einkaufen.

DAX Unternehmen messen dem Medienmonitoring und dem Pressespiegel höhere Bedeutung zu. 59 Prozent der DAX Unternehmen – im Gegensatz zu 33 Prozent der Banken – stufen das Medienmonitoring als wichtig ein. Ein Pressespiegel ist 59 Prozent der DAX Unternehmen und 42 Prozent der Banken wichtig. Eine mögliche Begründung für die unterschiedliche Beurteilung der Wichtigkeit ist die höhere Medienpräsenz von DAX Unternehmen. Über DAX Unternehmen berichten Medien nicht nur häufiger, sondern auch weltweit. Eine weitere Erklärung wäre, dass PR Verantwortliche in DAX Unternehmen ihr Budget stärker rechtfertigen müssen und der PR-Evaluation deshalb mehr Bedeutung beimessen.

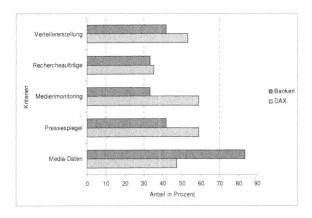

Abbildung 5-4: Wichtigkeit von Extra-Leistungen
(Quelle: eigene Darstellung auf Basis der Umfrageergebnisse)

Bei der Verteilererstellung und bei Rechercheaufträgen gehen die Nennungen der beiden Teilstichproben kaum auseinander. Eine Verteilererstellung durch den externen Pressekontaktanbieter wünschen rund 42 Prozent der Banken und 53 Prozent der DAX Unternehmen. Rechercheaufträge zählen zu den weniger gefragten Dienstleistungen. Rund ein Drittel der Unternehmen würde diese Funktion befürworten.

5.2 Anforderungen der Pressereferenten der LBBW

Nachdem in Kapitel 5.1 allgemeine Anforderungen an Pressekontaktdatenbanken aus einer Umfrage unter DAX Unternehmen und Großbanken abgeleitet wurden, sollen in diesem Kapitel die speziellen Anforderungen der LBBW aus dem Interview zusammengefasst werden. Eine Kurzfassung der Anforderungen zur Vorbereitung auf die bevorstehenden Anbieterpräsentationen befindet sich in Form einer Checkliste im Anhang auf Seite XX.

5.2.1 Anforderungen an den Inhalt der Pressekontaktdaten

An Umfang und Aktualität der Pressekontaktdaten stellt die Landesbank folgende Ansprüche: [41]

- Die Aktualisierung der Pressekontaktdaten wird von den Pressereferenten vierteljährlich für notwendig befunden. Eine tägliche Aktualisierung wird bevorzugt. Die Entscheidung darüber soll vom Mehrpreis abhängig gemacht werden.

- Zunächst ist der Einkauf von Pressekontaktdaten primär deutscher Redaktionen angedacht. Eine zukünftige Erweiterung auf europäische Redaktionen (vor allem in Österreich, der Schweiz, Großbritannien, Frankreich und Spanien) bei demselben Anbieter wäre von Vorteil.

- Die gewünschten Kontaktdaten umfassen vor allem die Medienbranche, d.h. Journalistenkontakte. Vereinzelt werden auch Kontaktdaten aus dem Bereich Politik benötigt. Kontaktdaten zu Fachmedien sind von besonderem Interesse.

- Informationen zum Medium beinhalten: Auflage, Erscheinungstag, Verbreitungsgebiet, Leserstruktur, Schwerpunkt bzw. thematische Ausrichtung, Chefredakteur, sowie verantwortliche Redakteure nach Ressorts und Homepage.

- Informationen zum Journalist beinhalten: Kontaktdaten (Email, Adresse, einschließlich bevorzugter Versandadresse, Telefon, möglichst auch Mobiltelefon und Faxnummer der Abteilung) sowie Schwerpunkt bzw. Arbeitsbereiche.

- Ein großzügiges Feld für Anmerkungen wie Einzelkontakte (Besuche, Telefonate oder Teilnahme an Veranstaltungen) und private Informationen (Weihnachtsgeschenke, Geburtstag oder Informationen zum Partner) ist unverzichtbar.

---

[41] Vgl. Mitschnitt des Pressereferenteninterviews vom 12.06.07 auf beigelegter CD.

Um die Inhalte der Pressekontaktdatenbank optimal nutzen zu können, werden folgende Funktionen zur Datenverwaltung gefordert:

- Es muss möglich sein, eigene Journalistenkontakte der Datenbank des Anbieters hinzuzufügen, die ebenfalls vom Datenbankanbieter gepflegt werden.

- Der Internet- und Faxverkehr soll automatisch in Form einer Kontakthistorie aufgezeichnet werden.

- Eine Protokollierung der letzten Änderungen in der Adressdatenbank wäre von Vorteil, um die Aktualität zu prüfen.

- Die Möglichkeit, einen Ausdruck ausgewählter Felder eines Verteilers in Listenform anzufertigen, wird von den Pressereferenten explizit gewünscht (z.B. Telefon- bzw. Adressliste).

5.2.2 Anforderungen an das Aussendemanagement

Das Aussendemanagement beinhaltet die Verteilererstellung und den Versand von Pressemitteilungen. Für die Verteilererstellung gelten folgende Anforderungen:

- Umfangreiche Suchfunktionen nach Schlagworten wie PLZ, Ort, Bundesland, Redaktion, Ressort oder Branche sind Voraussetzung für die Verteilererstellung. Bei der Suche wäre die Möglichkeit einer Verknüpfung (und/oder) von Vorteil.

- Die Kombination und Gruppierung von verschiedenen Verteilern und Personen soll unterstützt werden.

- Die Dienstleistung, Verteiler nach eigenen Wünschen durch den externen Anbieter zusammenstellen zu lassen, beispielsweise nach Kriterien wie Redaktion (Wirtschaftsredaktion, Lokalredaktion), Gebiet (Bundesland, Stadt, Region, PLZ), oder Themenbereich (Wirtschaft, Politik, Kultur) wäre wünschenswert.

Der Versand kann postalisch oder elektronisch erfolgen und muss folgenden Anforderungen genügen:

- Für den Postversand muss der Ausdruck sämtlicher Adressen eines Verteilers auf individuell gestaltbaren Adressetiketten möglich sein.

- Die Datenbank soll den Versand von Serien E-Mails unter Benutzung des vom Empfänger bevorzugten Kanals unterstützen.

- Beim Mail- bzw. Faxversand muss der Absender wechselbar sein. Zudem wären verschiedene Formatvorlagen für die einzelnen Absender wünschenswert.

- Eine Löschfunktion zur Vermeidung von mehrfachen Aussendungen wird vorausgesetzt. Dasselbe gilt für eine Dublettensuche unter den Kontaktdaten.

5.2.3 Anforderungen an die Software und den Service

- Die zukünftigen Anwender der Adressdatenbank legen betont Wert auf eine einfache Bedienbarkeit sowie Schulung und Betreuung durch den Anbieter.

- Ein Sicherheitssystem mit Userberechtigungen wird gewünscht.

- Wenn sich Veränderungen in Redaktionen ergeben, die in einem Verteiler der LBBW erfasst sind, wird eine automatische Benachrichtigung gewünscht.

- Rechercheaufträge an den Datenbankanbieter sollen möglich sein. Hierbei legen die Pressereferenten gesteigerten Wert darauf, dass gerade auch eine neue Verteilererstellung schnell und kurzfristig möglich ist.

5.3 Festlegung konsensfähiger Gütekriterien für Pressekontaktdatenbanken

Um einen Anbietervergleich zu ermöglichen, sollen an dieser Stelle konsensfähige Gütekriterien bestimmt werden, anhand derer die verschiedenen Pressekontaktanbieter beurteilt werden.

5.3.1 Vorgehen bei der Bestimmung der Gütekriterien

Die Festlegung konsensfähiger Gütekriterien soll sich an der in Kapitel 5.1 und 5.2 dargestellten Gewichtung der verschiedenen Anforderungen an Pressekontaktdatenbanken durch DAX Unternehmen und Banken orientieren. Zudem müssen die Kriterien vergleichbar und objektiv sein. Da der spätere Anbietervergleich ausschließlich eine Übersicht geben soll, welcher Anbieter die Leistungen bereithält und keine Auskunft darüber, wie gut er die jeweiligen Kriterien erfüllt, ist eine getrennte Betrachtung für DAX Unternehmen und Banken nicht länger sinnvoll. Deshalb werden die Antworten beider Stichproben für die Bestimmung konsensfähiger Gütekriterien aggregiert. Nach Erstellung der neuen Rangfolge werden die Anforderungen gemäß den Befragungsergebnissen in wichtige und wünschenswerte Gütekriterien unterteilt.

5.3.2 Begründung der definierten Gütekriterien

Die Abbildung 5-6 zeigt die aggregierten Antworten von Banken und DAX Unternehmen nach Themenkomplex geordnet. Erfasst sind ausschließlich die Anforderungen, die das Merkmal der Vergleichbarkeit und Objektivität aufweisen. In der rechten Spalte ist eine Kategorisierung der jeweiligen Anforderung vermerkt, die in diesem Kapitel begründet wird.

Anforderungen an eine Pressekontaktdatenbank	Nennungen DAX + Banken	Gütekriterium
Umfang und Aktualität der Pressekontaktdaten		
Ergänzbar um Kontakte aus anderen Quellen	29	wichtig
Pressekontaktdaten von Fachmedien	26	wichtig
Neben nationalen auch internationale Kontakte	24	wichtig
Feld für eigene Anmerkungen zum Journalisten	20	wünschenswert
Verbreitungsgebiet	16	wünschenswert
Tägliche Updates	13	wünschenswert
Speicherung aller Korrespondenzen mit Journalisten	13	wünschenswert
Kontaktdaten in PDA-Format	5	wünschenswert
Aussendemanagement		
Kombinationen zwischen Personen und Verteilern	29	wichtig
Benutzung des vom Empfänger bevorzugten Kanals	29	wichtig
Abwicklung von Veröffentlichungen	28	wichtig
Personalisierte Serien-E-Mails	24	wichtig
Anforderungen an die Software		
Sicherheitssystem mit Userberechtigung	25	wichtig
Überschreib- oder Löschschutz	22	wünschenswert
Anpassung der Benutzeroberfläche an Bedürfnisse	20	wünschenswert
Wirtschaftlichkeit		
Preis-Leistungsverhältnis	30	wichtig

Abbildung 5-5: Kategorisierung der Anforderungen an Pressekontaktdatenbanken
(Quelle: eigene Darstellung auf Basis der Umfrageergebnisse)

Im Themenblock Umfang und Aktualität der Pressekontaktdaten werden die Anforderungen Ergänzbarkeit der Datenbank um Kontakte aus anderen Quellen, Pressekontaktdaten von Fachmedien und internationale Kontakte am häufigsten genannt. Sie sind für die weitere Betrachtung wichtige Gütekriterien. Ein individuelles Anmerkungsfeld, die Option, Kontaktdaten im PDA-Format zu beziehen, Informationen über das Verbreitungsgebiet eines Mediums, tägliche Updates sowie die Speicherung aller Korrespondenzen mit Journalisten sind weniger häufig genannte Kriterien. Sie werden in die Kategorie „wünschenswert" eingestuft.

Im Themenblock Aussendemanagement sind alle abgefragten Kriterien von hoher Bedeutung und sollen deshalb unter der Kategorie „wichtig" auf ihre Bereitstellung durch die verschiedenen Pressekontaktanbieter überprüft werden.

Die Kriterien Schnelligkeit und Benutzerfreundlichkeit werden im Themenblock Anforderungen an die Software am häufigsten genannt. Da sich diese Kriterien ohne die Erfahrungswerte der Nutzer nicht beurteilen lassen und im Rahmen der Befragung dazu keine Bewertung abgegeben wird, sollen sie bei der Gegenüberstellung der verschiedenen Anbieter in Kapitel 6.1.2 nicht weiter berücksichtigt werden. An dritter Stelle wird die Leistung Sicherheitssystem mit Userberechtigung genannt. Sie stellt ein wichtiges Kriterium dar. Ein Überschreib- oder Löschschutz und die Anpassbarkeit der Benutzeroberfläche an eigene Bedürfnisse sind wünschenswerte Leistungen.

Auf Wirtschaftlichkeitsaspekte von Pressekontaktdatenbanken wurde bisher nicht eingegangen. Das soll nicht heißen, dass der Preis bei der Entscheidung für einen Pressekontaktanbieter keine Rolle spielt. Es ist vielmehr so, dass das Preissystem der meisten externen Dienstleister modular aufgebaut ist, so dass nicht der Angebotspreis als solcher, sondern das Preis-Leistungs-Verhältnis eines Anbieters betrachtet werden muss. In der Umfrage bewerteten 100 Prozent der Banken und rund 94 Prozent der DAX Unternehmen ein gutes Preis-Leistungsverhältnis mit wichtig oder gar sehr wichtig.[42] Die übereinstimmend hohe Gewichtung der Wirtschaftlichkeit einer Pressekontaktdatenbank ist vor dem Hintergrund zu verstehen, dass die Kommunikationsabteilung zur Wertschöpfung eines Unternehmens keinen direkt messbaren Beitrag leistet. Hohe Ausgaben führen häufig zu einem Rechtfertigungsproblem gegenüber der Unternehmensleitung. Unglücklicherweise verweigerte der Großteil der Befragten die Bewertung des Preis-Leistungsverhältnisses ihres Anbieters. Dies erschwert die Beurteilung, da die unterschiedlichen Leistungsmodule der Anbieter einen direkten Leistungsvergleich nicht zulassen. Aus diesem Grund soll der Preis bei der Anbietergegenüberstellung in Kapitel 6.1.2 in Form einer Preisspanne unter Angabe der enthaltenen Datensätze als wichtiges Kriterium berücksichtigt werden.

---

[42] Vgl. Anhang 15 auf Seite XIX.

6 Entscheidung für einen Pressekontaktanbieter

Die Untersuchung der Anbieter auf ihre Erfüllung der in Kapitel 5.3 definierten Gütekriterien ermöglicht einen Anbietervergleich, der Gegenstand des Kapitels 6.1 ist.[43] In Kapitel 6.2 folgt die Empfehlung eines Pressekontaktanbieters, der die Ansprüche der LBBW erfüllt.

6.1 Vergleich der Pressekontaktanbieter

Pressekontaktdatenbanken bestehen aus Inhalten und Software für Pressekontakte. Entsprechend haben sich Anbieter etabliert, die auf Inhalte spezialisiert sind und diese mit mehr oder weniger komfortablen Online-Versionen verkaufen. Andere bieten eine ausgefeilte Software, die mit eigenen Daten oder Daten der Inhalteanbieter gefüllt werden kann. Auf die Erstellung eines Kurzprofils jedes einzelnen Anbieters wird im Rahmen dieser Arbeit verzichtet, da der Schwerpunkt auf der Einordnung und dem Vergleich der Anbieter liegen soll. Eine Liste mit Kontaktadressen für aktuelle Informationen zum Leistungsangebot der einzelnen Pressekontaktanbieter befindet sich im Anhang auf Seite XXII.

6.1.1 Anbieterübersicht nach Art der verfügbaren Dienstleistung

Abbildung 6-1 zeigt die von der Untersuchungsgruppe eingesetzten Pressekontaktanbieter in Abhängigkeit von ihrem Leistungsangebot. Es ist ersichtlich, dass die meisten Dienstleister Pressekontaktdaten mit mehr oder weniger ausgefeilten Software- bzw. Online- Lösungen anbieten. Bei den Unternehmen Helios Media, hugin, Index Daten, Kroll, news aktuell, Oeckl, Renteria, Stamm und Zimpel stehen Inhalte im Vordergrund der Leistungserstellung. Neben den angebotenen Serviceleistungen unterscheiden sich die Unternehmen im Wesentlichen in Umfang, Aktualität und Reichweite der

---

[43] Eine Bewertung der Anbieter unter Einbeziehung der Erfahrungswerte anderer Anwender entfällt, da hierzu im Fragebogen keine ausreichenden Angaben gemacht wurden.

Medienkontakte. Die Preisstruktur richtet sich einheitlich nach dem Umfang der benötigten Pressekontaktdaten, die meist digital als Excel-Datei zum Import in die eigene Pressedatenbanksoftware oder online angeboten werden. In der Regel können Nutzer zwischen Einzelplatz- oder Netzwerklizenzen wählen. Wenige Anbieter liefern Pressekontaktdaten ausschließlich auf CD-ROM.

Die Unternehmen Troi, Adressmanager, ZAM und X-business solution stellen ausschließlich Software zur Verfügung, die der Anwender mit eigenen Pressekontaktdaten befüllen kann.

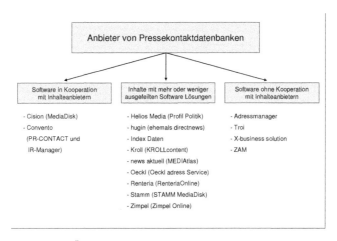

Abbildung 6-1: Übersicht der Anbieter von Pressekontaktdatenbanken (Quelle: eigene Darstellung auf Basis einer Internetrecherche)

Ein umfangreiches „All-Inclusive"- Angebot zur Unterstützung der Öffentlichkeitsarbeit von Unternehmen halten Cision und Convento bereit, deren Leistungspalette weit über die bloße Bereitstellung von Pressekontaktdaten hinausgeht. Neben umfangreichen Exportfunktionen und einem weltweiten Zugriff auf die Datenbank werden spezielle Services wie beispielsweise die auftragsgemäße Erstellung von Presseverteilern, bedarfsgerechte Trainingsprogramme und Medienresonanzanalysen angeboten.

6.1.2 Anbieterübersicht nach Erfüllung der Gütekriterien

Die folgende Abbildung zeigt, in wie weit die einzelnen Anbieter die in Kapitel 5.3 bestimmten Gütekriterien erfüllen. Bei der Gegenüberstellung werden ausschließlich Dienstleister berücksichtigt, die basierend auf den Umfrageergebnissen zu Pressekontaktdatenbanken von Teilnehmern aktuell genutzt werden (vgl. Abbildung 4-8). Die Darstellung in Form einer Matrix soll den Abgleich der unternehmensspezifischen Anforderungen mit dem Leistungsangebot der unterschiedlichen Pressekontaktanbieter vereinfachen.

Anforderungen \ Anbieter	Zimpel	Convento	MEDI-Atlas	Cision	Directnews*	Stamm	Kroll
Wichtig							
Preis für Onlinedatenbank bzw. Software in Euro pro Monat und Lizenz	Einzel 180 bis 5. Platz je weitere 20	**Einzel 290 2.-5. 90 je weitere 75	Einzel 180 - 850 je weitere 90 – 425 Einrichtung 700	Einzel 245 - 455 je weitere 50 - 90	Individuell zu erfragen	Einzel 549 Netzwerk 1080	Einzel ab 30
Anzahl der möglichen Datensätze	> 90.000	**wählbar	> 480.000	> 1 Mio.	k. A.	> 100.000	1.200
Ergänzbar um eigene Kontakte	X	X	X	X	X	X	X
Pressekontaktdaten von Fachmedien	X	X	X	X	X	X	X
Auch internationale Kontakte	-	-	X	X	X	-	-
Feld für eigene Anmerkungen	X	X	X	X	k. A.	X	X
Kombination zw. Personen u. Verteilern	X	X	X	X	k. A.	X	X
Bevorzugter Empfangskanal	X	X	X	X	k. A.	-	X
Abwicklung von Veröffentlichungen	-	X	X	X	X	-	-
Sicherheitssystem mit Userberechtigung	-	X	-	X	k. A.	X	-
Schulung / Betreuung durch Anbieter	X	X	X	X	X	X	X
Wünschenswert							
Verbreitungsgebiet	X	X	-	-	-	-	-
Tägliche Updates	-	-	X	X	-	-	-
Foto des Pressekontakts	-	-	-	-	-	-	-
Speicherung aller Korrespondenzen	-	X	X	X	k. A.	-	-
Kontaktdaten in PDA-Format	-	X	X	X	k. A.	-	X
Überschreib- oder Löschschutz	-	X	X	X	k. A.	-	-
Anpassung der Benutzeroberfläche	-	X	X	X	k. A.	X	X

* Der Anbieter Directnews verweigerte Auskünfte zum Angebot von Pressekontaktdatenbanken ohne konkretes Kaufinteresse. Da dem Internetauftritt einzelne Informationen nicht zu entnehmen sind, kann zu verschiedenen Leistungsmerkmalen keine Angabe (k.A.) gemacht werden.
** Preisangabe gilt für reine Softwarelizenz von Convento. Inhalte werden von Anbietern wie Stamm oder Zimpel zugekauft. Preis nach Anfrage.

Abbildung 6-2: Anbieterübersicht nach Erfüllung der Gütekriterien (Quelle: Eigene Darstellung auf Basis von Produktbroschüren, Telefonaten mit dem Kundenservice, Homepages und Anbieterpräsentationen)

Die Preisangabe für die Online Pressekontaktdatenbanken bezieht sich jeweils auf eine Monatslizenz. Bieten Unternehmen Datenpakete verschiedener Regionen modular an, wird eine Preisspanne genannt, die das jeweils kleinste bzw. größte erhältliche Datenpaket umfasst. Ergänzend sind die über die einzelnen Anbieter verfügbaren Datensätze angeführt. Zu beachten ist, dass die Preisangabe des Anbieters Convento ausschließlich die Softwarelizenz beinhaltet. Pressekontaktdaten können von einem der Kooperationspartner – beispielsweise Stamm oder Zimpel – zu speziellen Konditionen zugekauft werden.

Alle Anbieter erfüllen den Großteil der von den teilnehmenden Unternehmen als wichtig eingestuften Anforderungen. Eine Differenzierung erfolgt im Wesentlichen bei der Reichweite der angebotenen Kontaktdaten (regional vs. international), der Abwicklung von Veröffentlichungen und der Unterstützung eines Sicherheitssystems mit Userberechtigungen. Cision erfüllt als alleiniger Anbieter alle als wichtig eingestuften Gütekriterien.

Eine Profilierung der Anbieter findet vor allem bei den wünschenswerten Leistungen statt. Während die Benutzeroberfläche bei fast allen Anbietern an individuelle Bedürfnisse angepasst werden kann, stellen ausschließlich Cision und der MEDIAtlas tägliche Updates zur Verfügung. MEDIAtlas bietet darüber hinaus Informationen zum Verbreitungsgebiet der Medien, für die ein Journalist arbeitet. Auch Zimpel und der Kooperationspartner Convento machen Reichweitenangaben. Ein Überschreib- oder Löschschutz sowie die Speicherung aller Korrespondenzen mit einem Pressekontakt ist bei den Unternehmen Convento, Cision und MEDIAtlas möglich. Ein Foto der Pressekontakte kann kein Anbieter bereitstellen.

6.2 Empfehlung eines Pressekontaktanbieters für die LBBW

Aufbauend auf den Ergebnissen der Umfrage in Kapitel 4 und 5 und dem vorangegangenen Anbietervergleich soll nun der für die LBBW am besten geeignete Pressekontaktanbieter bestimmt werden. Dabei werden zunächst eine Reihe von Anbietern in die nähere Auswahl gefasst und gezielt auf ihre Erfüllung der in Kapitel 5.2 herausgearbeiteten Anforderungen der LBBW an Pressekontaktdatenbanken untersucht.

6.2.1 Pressekontaktanbieter in der näheren Auswahl

Die Pressereferenten der Landesbank haben im Rahmen der persönlichen Interviews zur Klärung der Anforderungen die Absicht geäußert, sich bei der Anbieterentscheidung an anderen Großunternehmen zu orientieren.[44] Aktuell werden von DAX Unternehmen und Großbanken folgende Anbieter bzw. Produkte genutzt: Zimpel, Convento, MEDIAtlas, Stamm, Kroll, Cision und Directnews.

Die Betrachtung der verschiedenen Anbieter im Zeitverlauf in Kapitel 4.2.2 hat ergeben, dass die Nutzung der Anbieter Stamm und Kroll stark rückläufig ist, während Convento und MEDIAtlas Anwender hinzugewinnen konnten. Die Vermutung liegt nahe, dass Stamm und Kroll nicht auf veränderte Kundenbedürfnisse reagiert haben oder den Anwendern wichtige Anforderungen nicht zufrieden stellend erfüllen. Aus diesem Grund scheiden sie für die Anbieterempfehlung aus.

Mit den Anbietern MEDIAtlas und Convento verhält es sich entgegengesetzt. In der Vergangenheit wurden die beiden Anbieter nicht bzw. nur vereinzelt eingesetzt. Unter den aktuell genutzten Anbietern belegen sie jedoch Platz zwei und drei, gemessen an der Nutzungshäufigkeit durch die Befragungsteilnehmer. Convento zeichnet sich zudem dadurch aus, dass drei der vier Unternehmen, die angeben ausschließlich eine externe Pressekontaktdatenbank zu nutzen, sich für diesen Anbieter entschieden haben und Convento darüber hinaus mit der Durchschnittsnote „gut" bewerten (vgl. Kapitel 4.2.4). Auch MEDIAtlas erhält bei der Beurteilung der Gesamtzufriedenheit mit dem Anbieter die Note „gut". Beide Dienstleister kommen deshalb für die Landesbank in Frage.

Zimpel ist der in beiden Untersuchungsgruppen am häufigsten eingesetzte Pressekontaktanbieter. Obwohl der Anbieter nur mit der Durchschnittsnote „befriedigend" bewertet wird, soll er ebenfalls in die nähere Auswahl gefasst werden.

---

[44] Vgl. Mitschnitt des Interviews vom 12.06.2007 auf beigelegter CD.

Directnews erhält bei der Bewertung der Gesamtzufriedenheit mit 1,7 die beste Note. Da der Anbieter aktuell nur von einem Unternehmen der Untersuchungsgruppe genutzt wird, ist die Aussagekraft dieser Bewertung jedoch gering. Den Internetauftritt mit blinkend grünen Farbkreisen empfinden die Pressereferenten ebenso wenig ansprechend wie die Serviceorientierung des Personals, das telefonische Auskünfte zum Produkt ohne vorherige schriftliche Anfrage verweigert. Vor diesem Hintergrund soll der Anbieter nicht weiter berücksichtigt werden.

Cision wird zurzeit von einem der teilnehmenden Unternehmen genutzt, das den Anbieter mit der Note befriedigend beurteilt. Angesichts geringer Erfahrungswerte scheidet auch dieser Anbieter aus.

Damit kommen drei Anbieter in die nähere Auswahl: Convento (prContact), news aktuell (MEDIAtlas) und Zimpel (Zimpel Online).

6.2.2 Begründung der Empfehlung

Nachdem drei Anbieter auf Grund ihrer Nutzungshäufigkeit durch andere Großunternehmen und deren guter Beurteilung der Gesamtzufriedenheit in die nähere Auswahl gekommen sind, gilt es zu klären, in wie weit die Pressekontaktanbieter die in Kapitel 5.2 herausgearbeiteten spezifischen Anforderungen der LBBW an Pressekontaktdatenbanken erfüllen.

Da die Produktbroschüren und Internetdarstellungen der verschiedenen Anbieter keine Details zur Ausgestaltung und Umsetzung der Inhalte in Pressekontaktdatenbanken enthalten, werden die Anbieter in der näheren Auswahl zu einer Produktpräsentation eingeladen. Im persönlichen Gespräch mit dem Vertriebspersonal sollen letzte Fragen geklärt und der am besten geeignete Anbieter identifiziert werden. Nachfolgend sind die Ergebnisse der Anbieterpräsentationen zusammengefasst.

Der Anbieter Convento erfüllt alle inhaltlichen Anforderungen der LBBW. Sowohl das Leistungsangebot als auch die Repräsentanz durch den Geschäftsführer überzeugen die Pressereferenten, die zudem die unkomplizierte Anbindung an das Datenbanksystem Lotus Notes schätzen über das der

Versand bisher erfolgt. Gegen den Anbieter spricht der Preis, der deutlich über dem Niveau der Mitbewerber liegt. Es bleibt zu bedenken, dass zusätzlich zur Softwarelizenz für Convento, Kosten für die Journalistendatenbank eines Kooperationspartners anfallen. Pressekontaktdaten können durch das Kooperationsabkommen zwar vergünstigt bezogen werden, dennoch entstehen in der Summe monatliche Kosten von über 400 Euro für eine Einzelplatzlizenz bei einem ausschließlich deutschen Datenbestand.[45] Dieser Preis mag angesichts des umfangreichen Leistungsangebots von Convento gerechtfertigt sein. Er schließt jedoch zahlreiche Anwendungen ein, die von der LBBW nicht benötigt werden[46].

Neben dem gehobenen Preisniveau erschweren technischen Gegebenheiten eine Zusammenarbeit. Die Sicherheitspolitik der LBBW läßt einen externen Zugriff auf die Bankenplattform nur im Ausnahmefall und nach langwieriger Abklärung der damit verbundenen Sicherheitsrisiken zu. Ein externer Zugriff auf die Bankenplattform wäre aber notwendig, da Convento aktuell keine web-basierte Lösung – wenn auch für 2009 geplant – anbietet. Nach Rücksprache mit der IT-Abteilung bleibt unklar, ob und in welchem zeitlichen Rahmen die Datenbank in die Bankenplattform integriert werden könnte. Da eine zeitnahe und unkomplizierte Lösung zur Unterstützung der Pressearbeit gefordert wird, soll einer von der hausinternen IT unabhängigen Online-Anwendung der Vorzug gegeben werden. Sowohl Zimpel (Zimpel Online) als auch news aktuell (MEDIAtlas) bieten web-basierte Anwendungen.

Die Produkte Zimpel-Online und der MEDIAtlas bieten deutlich weniger Funktionen und verfügen über einen geringeren Datenbestand als Convento. Dafür sind die Pressekontaktdatenbanken preisgünstiger und erfüllen die Anforderungen der LBBW weitestgehend. Die beiden Anbieter unterscheiden sich hauptsächlich in der Reichweite der angebotenen Datensätze, der

---

[45] Produktpräsentation durch Herr Rainer Maassen (Convento) am 12.02.2008.
[46] Persönliches Gespräch mit Cornelia Schurz am 12.02.2008.

Aktualität der Kontaktdaten und der Schlagwortsuche zur Verteilererstellung.[47]

Während die Datenbank Zimpel-Online ausschließlich Medienkontakte im deutschsprachigen Raum enthält, bietet der MEDIAtlas weltweite Pressekontakte. Die Aktualität der Pressekontaktdaten sichert Zimpel durch eine wöchentliche Überarbeitung. Bei news aktuell (MEDIAtlas) werden Neuerungen tagesaktuell eingepflegt. Die von der LBBW geforderten Informationen zum einzelnen Pressekontakt und Medium sind im Datenbestand beider Anbieter enthalten. Lediglich ein Foto der Pressekontakte kann kein Anbieter bereitstellen. Der MEDIAtlas ermöglicht jedoch, ein vorhandenes Bild im Datensatz des jeweiligen Kontakts zu hinterlegen.

Den Wunsch der Pressereferenten, die externe Datenbank um private Kontakte zu ergänzen, die ebenfalls vom Anbieter nachrecherchiert werden, können Zimpel und news aktuell nur teilweise erfüllen. Private Kontakte lassen sich in der Datenbank problemlos ergänzen, müssen jedoch vom Unternehmen selbst gepflegt werden. news aktuell bietet die Option, im MEDIAtlas nicht enthaltene Kontakte auf Wunsch des Unternehmens anzuschreiben und nach Zustimmung des jeweiligen Journalisten in den Datenbankbestand aufzunehmen. Dadurch übernimmt news aktuell die Pflege des entsprechenden Datensatzes. Bei dem Zugewinn an Komfort für das Unternehmen ist jedoch zu beachten, dass der Pressekontakt damit für alle Nutzer des MEDIAtlas auffindbar ist, was die Pressereferenten der LBBW ablehnen.

Die folgenden Anforderungen an die Software und den Service können weder Zimpel noch der MEDIAtlas erfüllen: Eine automatische Benachrichtigung über Veränderungen in Redaktionen, die in einem Verteiler der LBBW erfasst sind, Rechercheaufträge an den Anbieter und ein Sicherheitssystem mit Userberechtigungen. MEDIAtlas bietet lediglich einen Überschreib- bzw. Löschschutz, der die eigenen Pressekontaktdaten vor einer unerwünschten

---

[47] Produktpräsentationen durch Frau Janina Hinck (news aktuell) und Herr Ralph Pflumio (Zimpel) am 29.02.2007.

Manipulation durch Mitarbeiter schützt. Da es sich bei den genannten Anforderungen um – aus Sicht der Pressereferenten der LBBW – wünschenswerte, aber nicht essenzielle Anforderungen an die zukünftige Pressekontaktdatenbank handelt, kommen sowohl Zimpel als auch MEDIAtlas für den Einsatz in der Presseabeilung der Landesbank in Frage. Sollten diese Anforderungen wichtiger werden, müsste der Mehrpreis für den Anbieter Convento in Kauf genommen werden.

Die Funktionen zur Datenverwaltung sind sowohl bei Zimpel Online als auch beim MEDIAlas weniger umfangreich als beim Mitbewerber Convento. Doch sie genügen den Ansprüchen der LBBW. MEDIAtlas unterstützt im Gegensatz zu Zimpel-Online eine Kontakthistorie in der alle Korrespondenzen mit einem Journalisten gespeichert werden. Bei Zimpel kann diese Information über eine Suche im Postausgangsordner recherchiert werden. Beide Anbieter nehmen eine Protokollierung der letzten Änderungen in der Adressdatenbank vor. Außerdem lassen sich sowohl bei Zimpel als auch beim MEDIAtlas ausgewählte Felder eines Verteilers in Listenform darstellen, was den Pressereferenten für die Projektplanung besonders wichtig ist.

Zur Verteilererstellung bieten news aktuell und Zimpel umfangreiche Suchfunktionen nach Schlagworten. Während beide Anbieter sowohl eine unscharfe Suche – die auch ähnliche geschriebene Begriffe erkennt – als auch eine Suche mit Verknüpfung (und / oder) unterstützen, unterscheiden sie sich im Schlagwortkatalog. Suchkriterien wie z.B. der Name eines Kontakts, die Stadt, PLZ oder Telefonnummer sind einheitlich definiert. Die Suche nach Kategorie ist jedoch verschieden, da die Datenbestände der beiden Anbieter unterschiedlich verschlagwortet sind. Soll beispielsweise ein Verteiler aller Kreditinstitute erstellt werden, existiert diese Kategorie weder bei Zimpel noch bei news aktuell. Schlagworte ähnlicher Bedeutung müssen herangezogen werden, um den Verteiler zu erstellen. Diese können bei Zimpel Online Wirtschaft und Finanzen heißen, während beim MEDIAtlas nach den Kriterien Bankwesen oder Wirtschaft gefiltert wird. Welcher Anbieter die Anforderungen der LBBW bezogen auf die Verteilererstellung besser erfüllt, können nur die Anwender entscheiden. Dasselbe gilt für die Benutzerfreundlichkeit der jeweiligen Datenbank.

Da beide Anbieter objektive Kriterien, die der LBBW wichtig sind, erfüllen und sich im Wesentlichen bei den wünschenswerten Anforderungen unterscheiden, wird ein Testzugang beantragt. Dieser ermöglicht den Pressereferenten, beide Anbieter auszuprobieren. Der direkte Vergleich soll klären, welcher Anbieter sich im Tagesgeschäft besser bewährt.

Zum Zeitpunkt der Fertigstellung dieser Diplomarbeit ist die Testzugangsphase noch nicht abgeschlossen. Demnach können die Erfahrungswerte der zukünftigen Anwender der Pressekontaktdatenbank nicht – wie ursprünglich geplant – in die Empfehlung eines Pressekontaktanbieters für die LBBW einfließen. In Ermangelung der Erkenntnisse aus dem Testzugang basiert die folgende Anbieterempfehlung auf dem in diesem Kapitel dargestellten Abgleich der Anbieterleistungen mit den unternehmensspezifischen Anforderungen der LBBW (vgl. Kapitel 5.2) und den durch die Umfrage ermittelten Erfahrungswerten anderer Großunternehmen.

Nach sorfältiger Abwägung empfiehlt die Autorin der LBBW den Pressekontaktanbieter news aktuell (MEDIAtlas). Der Anbieter gewährleistet – im Gegensatz zu Zimpel – einen tagesaktuellen und internationalen Datenbestand. Die Pressearbeit der LBBW ist aktuell zwar auf primär deutsche Redaktionen beschränkt, jedoch sehen die Pressereferenten in der Option einer zukünftigen Erweiterung des Datenpakets auf europäische Redaktionen (vor allem in Österreich, der Schweiz, Großbritannien, Frankreich und Spanien), die USA und Asien (vor allem Japan) bei demselben Anbieter einen Vorteil.[48] Neben der täglichen Aktualität und dem größeren Datenbestand des MEDIAtlas (ca. 480.000 Pressekontakte) im Vergleich zu Zimpel-Online (ca. 90.000 Pressekontakte) sprechen auch umfangreichere Funktionen der Software für den Anbieter news aktuell. Ein Überschreib- bzw. Löschschutz privater Kontaktdaten ist eine sinnvolle Sicherheitsanwendung, wenn – wie in der Presseabteilung geplant – mehrere Nutzer auf die Datenbank zugreifen

---

[48] Vgl. Pressereferentengespräch vom 12.06.2007 auf beigelegte CD.

sollen und keine unterschiedlichen Userberechtigungen vergeben werden können. Zudem lässt sich die Benutzeroberfläche anders als bei Zimpel an individuelle Bedürfnisse anpassen. Auch die Funktion ein Foto des Pressekontakts einzubinden, ist bei Zimpel nicht ohne weiteres möglich. In Summe ist zu bemerken, dass die von news aktuell mitgelieferte Softwarelösung ausgefeilter und flexibler ist.

Ein weiteres Argument für den MEDIAtlas ist, dass die Landesbank Rheinland-Pfalz (LRP), ein Tochterunternehmen der LBBW, seit zwei Jahren den MEDIAtlas nutzt und mit der Pressekontaktdatenbank zufrieden ist. Im Zuge einer für die Zukunft geplanten engeren Kooperation und Angleichung der Pressearbeit von Tochterunternehmen an die Konzernmutter, ist eine einheitliche Pressekontaktdatenbank von Vorteil. Da der Preis für weitere Lizenzen zur Nutzung des MEDIATlas mit zunehmender Anzahl von Anwendern sinkt, können zukünftig Synergien der Größe genutzt werden, wenn der Einkauf der Datenbank zentral organisiert wird.

Die Preisspanne für eine Einzelplatzlizenz des MEDIAtlas von 180 bis 850 Euro und 90 bis 425 Euro für jede weitere Lizenz zuzüglich einer Einrichtungsgebühr von 700 Euro scheint auf den ersten Blick teuer im Vergleich zu der Datenbank von Zimpel, die 180 Euro für die ersten fünf Lizenzen und 20 Euro für jeden weiteren Anwender kostet.[49] Benötigt ein Unternehmen viele Lizenzen ist Zimpel in jedem Fall der preisgünstigere Anbieter. Die LBBW Konzernmutter will jedoch zunächst mit sechs Lizenzen auskommen. Um die beiden Anbieter sinnvoll vergleichen zu können, muss ein Datenpaket des MEDIAtlas gewählt werden, das dem Datenbestand von Zimpel-Online in etwa entspricht. Pressekontaktdaten aus dem deutschsprachigen Raum kosten beim MEDIAtlas 250 Euro für eine Einzelplatzlizenz und 150 Euro je weitere Lizenz.[50] Bei sechs Anwendern ergibt dies einen Gesamtpreis von monatlich 1000 Euro für den MEDIAtlas zuzüglich der einmaligen Einrichtungsgebühr und 920 Euro für Zimpel-Online. Der unter dieser Annahme für den MEDIAtlas erforderliche monatliche Mehrpreis von rund 80 Euro lässt

---

[49] Vgl. http://www.newsaktuell.de/pdf/preisliste2008.pdf vom 17.03.2008.
[50] Vgl. http://www.newsaktuell.de/pdf/preisliste2008.pdf vom 17.03.2008.

sich durch den Zugewinn an Funktionalität rechtfertigen und kann zudem als eine Investition in die Zukunkft betrachtet werden. Denn die erhöhte Flexibilität bei der Wahl des Datenumfangs von einem Anbieter und die vereinfachte Kooperation mit der Konzerntochter LRP bei der Pressearbeit sind Vorteile, die sich zum jetzigen Zeitpunkt monetär nicht beziffern lassen, die den aktuellen monatlichen Mehraufwand langfristig jedoch bei weitem übersteigen dürften.

7 Resümee und Ausblick

Die hohe Rücklaufquote der schriftlichen Befragung von 53 Prozent und das von den teilnehmenden Unternehmen bekundete große Interesse an den Umfrageergebnissen hat deutlich gemacht, dass Media Relations und somit der Einsatz von Pressekontaktdatenbanken Unternehmen aktuell beschäftigt.

Ein Ziel dieser Diplomarbeit war es, einen geeigneten Pressekontaktanbieter für die LBBW zu finden. Zur Informationsbeschaffung diente ein Methodenmix aus mündlicher und schriftlicher Befragung sowie einer Marktbeobachtung mit anschließender Anbieteranalyse und Produktpräsentationen.

Im Rahmen der Umfrage zu Pressekontaktdatenbanken wurden Erkenntnisse gewonnen, wie die Pressearbeit in Großunternehmen gestaltet wird, welche Verantwortungsbereiche bestehen und wie viele Mitarbeiter ein Unternehmen durchschnittlich in der Pressearbeit beschäftigt. Bei der Auswertung wurden DAX Unternehmen und Banken stets getrennt betrachtet, um einen Vergleich zu ermöglichen und Unterschiede herauszuarbeiten.

Es hat sich gezeigt, dass ein Großteil der Unternehmen beider Teilgruppen sowohl eine externe als auch eine interne Pressekontaktdatenbank einsetzt. Lediglich 22 Prozent der DAX Unternehmen und 31 Prozent der Banken vertrauen einer reinen Inhouse Lösung. Es ist zu erwarten, dass der Anteil der Unternehmen, die ausschließlich eine eigene Pressekontaktdatenbank nutzen, in den kommenden Jahren weiter zurückgehen wird. Die zunehmende Medienvielfalt und gegenwärtig hohe Fluktuation unter Journalisten bedingen einen wachsenden Zeitaufwand für die Pflege und die Aktualisierung der Pressekontaktdaten, der langfristig nur durch den Einsatz eines externen Dienstleisters zu bewältigen ist.

Ein Schwerpunkt der schriftlichen Befragung lag auf der Erstellung eines Benchmarks der genutzten Pressekontaktanbieter. Zimpel hat sich in beiden Untersuchungsgruppen als der aktuell am häufigsten genutzte Dienstleister herausgestellt. Auch bei einer Betrachtung der Anbieternutzung im Zeitverlauf hielt sich Zimpel als einziger Anbieter auf konstant hohem Niveau. Der Vergleich hat jedoch auch gezeigt, dass einzelne Dienstleister, darunter vor allem Kroll und Stamm, im Zeitverlauf deutlich Marktanteile verloren haben, während andere, insbesondere Convento und MEDIAtlas, Anwender hinzugewinnen konnten. Nicht zu verachten ist in diesem Zusammenhang das Ergebnis der Gesamtzufriedenheit mit den einzelnen Anbietern, die von ihren Anwendern bewertet wurden. Hier ergab sich eine abweichende Rangreihung der Anbieter, die eine zukünftige Änderung der jeweiligen Nutzungshäufigkeit erwarten lässt. Directnews, MEDIAtlas und Convento führen in der Bewertung der Zufriedenheit. Zimpel rangiert dagegen nur im Mittelfeld, was die Vermutung nahe legt, dass der Markführer bald von einem Konkurrenten abgelöst werden könnte, der die Erwartungen der Anwender besser erfüllt.

Die Anforderungen von Unternehmen an Pressekontaktdatenbanken herauszuarbeiten, machte den zweiten Schwerpunkt dieser Diplomarbeit aus. Auch hier wurden Ansprüche von DAX Unternehmen, Banken und der LBBW getrennt ermittelt. Während bei den Anforderungen an das Aussendemanagement und die Software weitestgehend Einigkeit herrschte, gingen die Leistungsansprüche beim Inhalt und der Aktualität der Pressekontaktdaten auseinander, weshalb bei der Bestimmung konsensfähiger Gütekriterien für den Anbietervergleich eine Einteilung in „wichtige" und „wünschenswerte" Leistungen vorgenommen wurde.

Der Anbietervergleich hat gezeigt, dass die meisten Pressekontaktanbieter die als „wichtig" eingestuften Gütekriterien erfüllen bzw. entsprechende Leistungen – zumindest basierend auf den Angaben der Anbieter – bereitstellen. Eine Bewertung der Anbieter durch die Nutzer ist im Rahmen dieser Arbeit ausschließlich in Form einer Gesamtzufriedenheitsbeurteilung erfolgt. Interessant wäre in diesem Zusammenhang eine weiterführende Studie mit dem Ziel, der Aussage der Anbieter eine Bewertung der einzelnen Anbieterleistungen durch die Anwender gegenüberzustellen. Um an diese sensiblen Daten zu gelangen, empfiehlt die Autorin primär eine persönliche statt der hier durchgeführten schriftlichen Befragung anzuwenden.

Der MEDIAtlas des Unternehmens news aktuell hat sich als das auf die Anforderungen der LBBW am besten abgestimmte Produkt erwiesen. Das heißt nicht, dass der Anbieter jedem Unternehmen pauschal zu empfehlen ist. Bei der Suche nach einem geeigneten Anbieter zur Unterstützung der Pressearbeit wird es Unternehmen auch in Zukunft nicht erspart bleiben, individuelle Bedürfnisse zu klären und den auf das eigene Anforderungsprofil passenden Anbieter zu bestimmen. Informationen zur Professionalität der einzelnen Funktionen im Rahmen des Leistungsangebots eines Anbieters – die in einer fortführenden Studie zu ermitteln wären – würden die Anbieterwahl deutlich erleichtern.

Literatur- und Quellenverzeichnis

Literatur:

Brettschneider, Frank (2006): Allgemeine Massenkommunikationslehre, Vorlesungsbegleitendes Manuskript der Universität Hohenheim.

Homburg, Christian / Krohmer, Harley (2003): Marketingmanagement – Strategie, Instrumente, Umsetzung, Unternehmensführung. Wiesbaden: Verlag Dr. Th. Gabler / GWV Fachverlage GmbH.

Kemper, Alfons / Eickler, Andre (2006): Datenbanksysteme. Eine Einführung. 6. Aufl.. München: Oldenbourg Verlag.

Mast, Claudia (2006): Unternehmenskommunikation – Ein Leitfaden. 2. Aufl. Stuttgart: Lucius & Lucius Verlag.

Oeckl, Albert (1964): Handbuch der Public Relations – Theorie und Praxis der Öffentlichkeitsarbeit in Deutschland und der Welt. München: Südd. Verlag.

Pflaum, Dieter / Linxweiler, Richard (1998): Public Relations der Unternehmung. Landsberg / Lech: Verlag moderne Industrie.

Rota, Franco P. (1994): PR und Medienarbeit in Unternehmen – Mittel, Möglichkeiten und Wege effizienter Öffentlichkeitsarbeit. 2. Aufl. Nördlingen: Beck.

Schnell, Rainer / Hill, Paul B. / Esser, Elke (2005): Methoden der empirischen Sozialforschung. 7. Aufl.. München: Oldenbourg Wissenschaftsverlag.

Schenk, Michael (2002): Medienwirkungsforschung. 2. Aufl. Tübingen: Mohr Siebeck Verlag.

Seegers, Daniel (2007): Media Relations – Interpersonale Beziehungen zwischen Journalisten und PR-Praktikern. Saarbrücken: VDM Verlag Dr. Müller.

Weischenberg, Siegfried / Scholl, Armin / Malik, Maja (2006): Die Souffleure der Mediengesellschaft – Report über die Journalisten in Deutschland. Konstanz: UVK Verlagsgesellschaft.

Zerfaß, Ansgar (2004): Unternehmensführung und Öffentlichkeitsarbeit – Grundlegung einer Theorie der Unternehmenskommunikation und Public Relations. 2. erw. Aufl. Wiesbaden: VS Verlag für Sozialwissenschaften.

Zeitung und Zeitschriften:

Altmeppen, Klaus-Dieter (2003): Nicht Fisch, nicht Fleisch – zur Verortung der PR in der öffentlichen Kommunikation. In: PR-Magazin 34 (7); S. 45-50.

Bentele, Günter (1992): Journalismus und PR: Kontaktpflege. In: Der Journalist (7); S.11-14.

Giersberg, Georg (2007): Deutschlands größte Unternehmen in Zahlen: In: Frankfurter Allgemeine Zeitung, Nr. 151 vom 03.07.07; S. U4.

Kalthoff-Mahnke, Michael (2007): Was erwarten Journalisten von der (Online-) PR? In: DPRG Intern (5); S. 10.

Internetquellen:

http://de.cision.com/ vom 08.11.2007

http://www.convento.de/Seiten/default.aspx vom 08.11.2007

http://www.die-bank.de/media/122002/bild1.gif vom 26.06.2007

http://www.die-bank.de/index.asp?art=560 vom 26.06.07

http://www.finanztreff.de/ftreff/kurse_listen,awert,deutschland,sektion,DAX.html vom 26.06.07

http://www.helios-data.com/ vom 07.11.2007

http://www.hugingroup.com/ vom 08.11.2007

http://www.indexverlag.at/ vom 08.11.2007

http://www.journalistenstudie.de vom 20.11.2007

http://www.kroll-verlag.de/index.php vom 09.11.2007

http://www.lundk.de/ZAM/Produktfamilie.html vom 09.11.2007

http://www.newsaktuell.de/de/services/mediatlas.htx vom 08.11.2007

http://www.newsaktuell.de/pdf/preisliste2008.pdf vom 19.03.2008

http://www.oeckl.de/index.php?id=9 vom 07.11.2007

http://www.puff-hippchen.de/Adressmanager.htm vom 09.11.2007

http://www.renteria.ch/ vom 07.11.2007

http://www.stamm.de/ vom 09.11.2007

http://www.troi.de vom 09.11.2007

http://www.tncs.de/ vom 09.11.2007

http://www.zimpel.de/cms/ vom 07.11.2007 vom 09.11.2007

Interviewpartner:

Landesbank Baden-Württemberg
Am Hauptbahnhof 2; D - 70173 Stuttgart; Tel.: 0711 127 74898

Landesbank Baden-Württemberg
Am Hauptbahnhof 2; D - 70173 Stuttgart; Tel.: 0711 127 76400

news aktuell GmbH
Mittelweg 144; D - 20148 Hamburg; Tel.: 040 41132764

Landesbank Baden-Württemberg
Am Hauptbahnhof 2; D - 70173 Stuttgart; Tel.: 0711 127 76431

Landesbank Baden-Württemberg; Am Hauptbahnhof 2; D - 70173 Stuttgart; Tel.: 0711 127 74897

Convento GmbH
Oberstrasse 4; D - 41460 Neuss; Tel.: 02131 200 900

Landesbank Baden-Württemberg Am Hauptbahnhof 2; D - 70173 Stuttgart

Verlag Dieter Zimpel
Abraham-Lincoln-Straße 46; D - 65189 Wiesbaden; Tel.: 01805009606

Landesbank Baden-Württemberg; Am Hauptbahnhof 2; D - 70173 Stuttgart; Tel.: 0711 127 73946

Landesbank Baden-Württemberg
Am Hauptbahnhof 2; D - 70173 Stuttgart; Tel.: 0711 127 76432

Anhang

1. Liste der größten Kreditinstitute nach Bilanzsumme X
2. Anschreiben zur Umfrage zu Pressekontaktdatenbanken XI
3. Fragebogen zu Pressekontaktdatenbanken XII
4. Mitarbeiterzahl in der Presseabteilung XIV
5. Durchschnittlichen Mitarbeiterzahl in der Presseabteilung XV
6. Verwaltung der Pressekontaktdaten intern vs. extern XVI
7. Gründe für die Nichtnutzung eines Pressekontaktanbieters XVI
8. Einsatz der Pressekontaktdatenbank XVI
9. Häufigkeit der Aktualisierung eigener Pressekontaktdaten XVII
10. Inanspruchnahme der verschiedenen Pressekontaktanbieter XVII
11. Wöchentlicher Zeitaufwand für Aktualisierung und Pflege der internen Pressekontaktdaten XVII
12. Wöchentlicher Zeitaufwand für Aktualisierung und Pflege der externen Pressekontaktdaten XVIII
13. Verantwortliche für die Pflege der Pressekontaktdaten XVIII
14. Entscheidungsträger bei der Auswahl eines Pressedatenbankanbieters XVIII
15. Anforderungen an Pressekontaktdatenbanken XIX
16. Wichtigkeit von Extra- Leistungen XIX
17. Anforderungen der LBBW an Pressekontaktdatenbanken XX
18. Adressliste der aufgeführten Pressekontaktanbieter XXII

1. Liste der größten Kreditinstitute nach Bilanzsumme

Lfd. Nr.	Unternehmen	Bilanzsumme 2006 in Mio. Euro	Beschäftigte 2006 in Tausend
1	Deutsche Bank	1.126.230	68,8
2	Commerzbank	608.339	36,0
3	HVB Group	508.033	50,7
4	Dresdner Bank	497.287	32,8
5	DZ Bank	438.984	24,2
6	LBBW	428.253	12,3
7	KFW-Banken	359.606	3,9
8	Bayerische LB	353.218	10,1
9	WestLB	285.287	6,1
10	Eurohypo	224.332	2,4
11	Nord LB	203.093	5,8
12	HSH Nordbank	189.382	4,4
13	Deutsche Postbank	184.887	21,5
14	LB Hessen-Thüringen	167.677	5,8
15	Hypo Real Estate	161.593	1,2
16	LB Berlin Holding	141.619	8,0
17	NRW Bank	135.552	1,1
18	Deka Bank	104.928	3,5
19	Hypothekenbank Essen	104.928	0,2
20	SFG	94.302	7,1
21	Landwirtschaftl. Rentenbank	82.511	0,2
22	WGZ Bank Gruppe	81.200	1,5
23	LRP	74.139	1,5
24	ING-DIBA	72.794	2,5
25	Wüstenrot	70.114	9,4
26	LB Sachsen	67.760	0,6
27	DEPFA	63.806	0,1
28	IKB	52.035	1,8

(Quelle: Eigene Darstellung in Anlehnung an Kalthoff-Mahnke, Michael (2007))

2. Anschreiben zur Umfrage zu Pressekontaktdatenbanken

UNIVERSITÄT HOHENHEIM

Kommunikationswissenschaft
Zentrum für Communication Performance Management

Universität Hohenheim (540 C) • D-70593 Stuttgart

Fruwirthstr. 46
70599 Stuttgart

Sekretariat: Eva Geiger
Tel. 0711/459-24031
Fax 0711/459-24034
egeiger@uni-hohenheim.de

Juli 2007

Forschungsarbeit: Effiziente Pressekontaktdatenbanken

Sehr geehrte Damen und Herren,

welche Anforderungen müssen Pressedatenbanken erfüllen, um eine punktgenaue und effiziente Pressearbeit zu unterstützen? Welche Erfahrungen mit gängigen Pressedatenbanken liegen bereits vor? Und welche Anbieter erfüllen die Anforderungen an Pressedatenbanken am besten?

Diese Fragen stehen im Mittelpunkt einer Studie, die derzeit am Zentrum für Communication Performance Management der Universität Hohenheim durchgeführt wird (http://www.uni-hohenheim.de/komm-con/). Neben einem Anbietervergleich führen wir auch eine Befragung von Presseverantwortlichen in Großunternehmen durch. Um aussagekräftige, valide und praxisrelevante Ergebnisse zu erzielen, möchten wir Sie bitten, den beigefügten Fragebogen auszufüllen oder an die Person in Ihrer Presseabteilung weiterzuleiten, die die Fragen bestmöglich beantworten kann. Die Best-Practice-Liste für Pressekontaktdatenbanken, die wir erstellen werden, sollte auf möglichst breiter Basis stehen. Das Beantworten der Fragen erfordert maximal 15 Minuten.

Ihre Angaben werden selbstverständlich anonym ausgewertet. In Publikationen werden wir den Namen Ihres Unternehmens nicht ohne Ihre Zustimmung erwähnen; auch werden wir keine Angaben machen, die eine Identifizierung der Befragungsteilnehmer ermöglichen. Zudem haben Sie nach der Befragung keine Werbemailings zum Thema Pressedatenbanken zu befürchten.

Um Ihre Antworten berücksichtigen zu können, bitten wir um Rücksendung des Fragebogens bis **14. August 2007**. Ein adressierter und frankierter Rückumschlag ist beigefügt. Als Dank für Ihre Unterstützung senden wir Ihnen auf Wunsch gerne eine Zusammenfassung der Ergebnisse zu. Bei Interesse bitten wir um ein kurzes E-Mail an frank.brettschneider@uni-hohenheim.de.

Sollten Sie Rückfragen oder Anregungen haben, stehe ich Ihnen jederzeit gerne zur Verfügung.

Mit freundlichen Grüßen,

3. Fragebogen zu Pressekontaktdatenbanken

Fragebogen Universität Hohenheim, Zentrum für Communication Performance Management

Allgemeine Fragen zum Unternehmen

1) Wie viele Mitarbeiter beschäftigt Ihr Unternehmen?

bis 5.000	bis 10.000	bis 25.000	bis 100.000	mehr als 100.000
☐	☐	☐	☐	☐

2) Wie viele Mitarbeiter sind in der Presseabteilung (der Konzernzentrale) tätig?

< 5	< 10	< 15	< 20	> 20
☐	☐	☐	☐	☐

Fragen zur Pressearbeit im Unternehmen

3) Womit arbeiten Sie zur Verwaltung Ihrer Pressekontaktdaten? (Mehrfachnennungen sind möglich)

- ☐ Wir arbeiten mit (mindest.) einer Pressedatenbank eines externen Dienstleisters.
- ☐ Wir arbeiten mit einer eigenen Pressekontaktdatenbank.

4) Wenn Sie in Ihrem Unternehmen noch nie einen externen Pressedatenbankanbieter genutzt haben, was waren für Sie die Gründe? (Mehrfachnennungen sind möglich)

- ☐ Externe Datenbanken sind zu teuer.
- ☐ Externe Datenbanken sind nicht ausreichend konfigurierbar.
- ☐ Wir haben eine gut funktionierende Inhouse-Lösung.
- ☐ Wir beschäftigen eine Fachkraft für Pflege der Pressekontaktdaten.
- ☐ Anderer Grund, nämlich:

5) Handelt es sich bei der von Ihnen verwendeten Pressekontaktdatenbank um eine Insellösung oder nutzen andere Abteilungen bzw. Konzernmärkte dieselbe Datenbank?

- ☐ Die Datenbank wird nur in der Presseabteilung eingesetzt.
- ☐ Die Datenbank wird von der Presse- und von anderen Abteilungen (z.B. IR, Marketing) genutzt.
- ☐ Die Datenbank wird von der gesamten Konzernzentrale genutzt.
- ☐ Die Datenbank wird auch von Konzerntöchtern genutzt.

Fragebogen Universität Hohenheim, Zentrum für Communication Performance Management

6) Pressekontaktdatenbanken müssen Verschiedenes leisten können. Wie wichtig sind Ihnen die folgenden Leistungen?

Pressekontaktdaten	sehr wichtig	wichtig	teilweise wichtig	eher unwichtig	unwichtig
Pressekontaktdaten: Umfang und Aktualität					
Pressekontaktdaten von Fachmedien	☐	☐	☐	☐	☐
Neben nationalen auch internationale Pressekontaktdaten	☐	☐	☐	☐	☐
Datenbank lässt sich um Kontakte aus anderen Quellen ergänzen	☐	☐	☐	☐	☐
Feld für eigene Anmerkungen zum jeweiligen Kontakt	☐	☐	☐	☐	☐
Kontaktdaten in PDA-Format	☐	☐	☐	☐	☐
Tägliche Updates/Aktualisierungen	☐	☐	☐	☐	☐
Speicherung aller Korrespondenzen mit einem Journalisten	☐	☐	☐	☐	☐
Individuelle Ausgaben zu einzelnen Journalisten	☐	☐	☐	☐	☐
Verbreitungsgebiet des einzelnen Pressekontakts ist erkennbar	☐	☐	☐	☐	☐
Aussendemanagement					
Personalisierte Serien-E-Mails	☐	☐	☐	☐	☐
Abwicklung aller Veröffentlichungen (z.B. Versand)	☐	☐	☐	☐	☐
Kombination zwischen Personen und Verteilern	☐	☐	☐	☐	☐
Benutzung des vom Empfänger bevorzugten Kanals	☐	☐	☐	☐	☐
Anforderungen an die Software					
Anpassungsmöglichkeit der Benutzeroberfläche an eigene Bedürfnisse	☐	☐	☐	☐	☐
Sicherheitssystem mit Userberechtigungen	☐	☐	☐	☐	☐
Übersichts- oder Löschschutz	☐	☐	☐	☐	☐
Benutzerfreundlichkeit	☐	☐	☐	☐	☐
Schnelligkeit	☐	☐	☐	☐	☐
Wirtschaftlichkeit	☐	☐	☐	☐	☐
Preis-Leistungsverhältnis	☐	☐	☐	☐	☐

Fortsetzung auf nächster Seite

Fragebogen Universität Hohenheim, Zentrum für Communication Performance Management

Weitere Kriterien, nämlich:

	sehr wichtig	wichtig	teils/teils	eher unwichtig	unwichtig
	☐	☐	☐	☐	☐
	☐	☐	☐	☐	☐

Fragen zu internen, eigenen Pressekontaktdatenbanken

7) Wie häufig werden die internen Pressekontaktdaten aktualisiert?

täglich	wöchentlich	monatlich	halbjährlich	seltener
☐	☐	☐	☐	☐

8) Wie viele Stunden nimmt die Pflege und Aktualisierung der internen Pressekontaktdaten wöchentlich ungefähr in Anspruch?

< 1 h	< 3 h	< 5 h	< 10 h	> 10 h
☐	☐	☐	☐	☐

9) Wer ist für die Pflege der Pressekontaktdaten verantwortlich? (Mehrfachnennungen sind möglich)

- Pressereferenten ☐
- Wechselnde Personenkreises ☐
- Spezifische(r) Sachbearbeiter(in) / Sachbearbeiter/innen ☐
- Sekretär / Sekretärin ☐
- Andere, nämlich: ☐

Fragebogen Universität Hohenheim, Zentrum für Communication Performance Management

Fragen zu Pressekontaktdatenbanken externer Anbieter

10) Wenn Sie einen externen Anbieter für Pressekontaktdatenbanken nutzen. Wer war in die Entscheidung für einen bestimmten Pressekontaktdatenbankanbieter involviert? (Mehrfachnennungen möglich)

- Unternehmensleitung ☐
- Presseabteilung ☐
- IT Organisation ☐
- Einkauf ☐
- Weitere, nämlich: ☐
- Weitere, nämlich: ☐

11) Welchen Pressekontaktdatenanbieter haben Sie bereits genutzt bzw. nutzen Sie aktuell? Nutzen Sie ggf. die Vollversion (V) oder eine eingeschränkte Version (E)? Und wie zufrieden waren bzw. sind Sie mit dem jeweiligen Anbieter? (Mehrfachnennungen sind möglich. Schulnoten 1 = sehr zufrieden, 6 = sehr unzufrieden)

	bereits genutzt (Bitte ankreuzen)	aktuell genutzt (Bitte ankreuzen)	Falls aktuell Vollversion (V) od. eingeschränkte Version (E)	Zufriedenheit (bitte Noten zwischen 1-6 vergeben)
Cisione	☐	☐		
Cision Infomart/Observer	☐	☐		
MEDIAtlas	☐	☐		
Stamm	☐	☐		
Zimpel	☐	☐		
Kroll	☐	☐		
Directnews	☐	☐		
Geckl	☐	☐		
Profil Politik	☐	☐		
Kresseria	☐	☐		
Index Daten	☐	☐		

(Quelle: Eigener Entwurf in Kooperation mit Frank Brettschneider)

4. Mitarbeiterzahl in der Presseabteilung

Frage 2

Mitarbeiterzahl	DAX	Banken
kleiner als 5	2	8
kleiner als 10	4	4
kleiner als 15	1	1
kleiner als 20	3	0
größer als 20	8	0
Gesamt	18	13

Korrelation Unternehmensmitarbeiter - Mitarbeiter der Presseabteilung			Unternehmensgröße	Größe der Presseabteilung
Unternehmensgröße		Korrelation nach Pearson	1	0,645526249
		Signifikanz (2-seitig)		0,000155889
		N	29	29
Größe der Presseabteilung		Korrelation nach Pearson	0,645526249	1
		Signifikanz (2-seitig)	0,000155889	
		N	29	29
**. Die Korrelation ist auf dem Niveau von 0,01 (2-seitig) signifikant.				

(Quelle: Auswertung der Umfrageergebnisse)

5. Durchschnittlichen Mitarbeiterzahl in der Presseabteilung

Berechnung der durchschnittlichen Mitarbeiterzahl in der Presseabteilung

DAX	16,7	(2*2,5+4*7,5+12,5+3*17,5+8*25)/18	(Berechnung über mittleren Wert)
		Mitarbeiter DAX Gesamt	3.702.889
		Durchschnittliche Mitarbeiterzahl DAX	123.430
		Mitarbeiter in Presse von 1000 Unternehmensmitarbeitern	0,1
Banken	4,8	(8*2,5+4*7,5+12,5)/13	280.599
		Durchschnittliche Mitarbeiterzahl Banken	9.676
		Mitarbeiter in Presse von 1000 Unternehmensmitarbeitern	0,5
LBBW	6	Mitarbeiterzahl 2006	12.252
		Mitarbeiter in Presse von 1000 Unternehmensmitarbeitern	0,5

Mitarbeiterzahl der DAX Unternehmen

Adidas AG	28.518
Allianz Deutschland AG	166.505
BASF AG	95.247
Bayer AG	106.000
BMW AG	106.575
Commerzbank AG	35.975
Continental AG	85.224
DaimlerChrysler AG	271.486
Deutsche Bank AG	68.849
Deutsche Börse AG	3.262
Deutsche Post AG	520.112
Deutsche Telekom AG	243.000
E.On AG	80.612
Fresenius Medical Care AG	60.031
Henkel Vz. AG	51.700
Hypo Real Estate Holding AG	1.229
Infineon Technologies AG	42.529
Linde AG	49.146
Deutsche Lufthansa AG	94.510
MAN AG	50.290
Merck KGaA	35.000
Metro AG	263.794
Münchener Rück	37.210
Postbank	21.920
RWE AG	68.534
SAP AG	41.919
Siemens AG	480.000
ThyssenKrupp AG	189.260
TUI AG	61.452
Volkswagen AG	343.000
Mitarbeiter DAX Gesamt	3.702.889

Mitarbeiterzahl der größten Kreditinstitute

Bayerische Landesbank	5.149
Commerzbank	35.975
DekaBank Deutsche Girozentrale	3.453
DEPFA Deutsche Pfandbriefbank AG	71
Deutsche Bank	68.849
Dt. Genossenschafts-Hypothekenbank	582
Deutsche Postbank	21.920
Dresdner Bank AG	27.625
DZ Bank AG	4.016
Eurohypo AG	2.045
Helaba Landesbank Hessen-Thüringen	5.400
HSH Nordbank AG	4.577
HVB Group	24.861
Hypo Real Estate Holding	1.229
Hypothekenbank in Essen AG	186
IKB-Deutsche Industriebank AG	1.703
ING DIBA AG	2.549
KFW Bankengruppe	3.800
Landesbank Berlin Holding AG	8.459
Landesbank Sachsen	600
Landwirtschaftliche Rentenbank	197
LBBW	12.252
LRP	1.600
Norddeutsche Landesbank	5.560
NRW Bank	1.035
Postbank	21.920
Sachsen-Finanzgruppe	7.631
WestLB AG	6.215
WGZ Bank	1.140
Mitarbeiter Banken Gesamt	280.599

(Quelle: Mitarbeiterzahlen aus den Geschäftsberichten 2006)

6. Verwaltung der Pressekontaktdaten intern vs. extern

Frage 3

	DAX	Banken	DAX	Banken	Differenz	
	18	13	in %	in %	in % Punkte	in %
Externer Dienstleister	4	3	22,22%	23,08%	0,85%	3,85%
Eigene Pressekontaktdatenbank	4	4	22,22%	30,77%	8,55%	38,46%
Externe + Interne Pressekontaktdatenbank	10	6	55,56%	46,15%	-9,40%	-16,92%

(Quelle: Auswertung der Umfrageergebnisse)

7. Gründe für die Nichtnutzung eines Pressekontaktanbieters

Frage 4

	DAX	Banken
Zu teuer	0	0
Nicht ausreichend konfiguierbar	0	0
Gute Inhouse-Lösung	3	3
Fachkraft für Pflege	3	0
Keine Angabe	1	1

(Quelle: Auswertung der Umfrageergebnisse)

8. Einsatz der Pressekontaktdatenbank

Frage 5

	DAX	Banken	DAX	Banken	Differenz	
			in %	in %	in % Punkte	in %
Nur Presseabteilung	9	9				
Presse- und andere Abteilungen	2	2	11,11%	15,38%	4,27%	38,46%
Gesamte Konzernzentrale	0	1	0,00%	7,69%	7,69%	
Auch Konzerntöchter	7	1	38,89%	7,69%	-31,20%	-80,22%
Gesamt	18	13	100,00%	100,00%		

(Quelle: Auswertung der Umfrageergebnisse)

9. Häufigkeit der Aktualisierung eigener Pressekontaktdaten

Frage 7

	DAX	Banken
täglich	5	2
wöchentlich	5	4
monatlich	0	2
halbjährlich	1	2
keine Angabe	3	0
Gesamt	14	10

(Quelle: Auswertung der Umfrageergebnisse)

10. Inanspruchnahme der verschiedenen Pressekontaktanbieter

Frage 11

	DAX		Banken	
	früher genutzt	aktuell genutzt	früher genutzt	aktuell genutzt
Zimpel	5	6	5	4
Convento	4	3	0	3
MEDIAtlas	0	2	0	2
Stamm	5	1	1	2
Kroll	3	2	4	1
Cision	0	1	0	0
Directnews	1	1	1	0
Oeckl	3	0	3	0
BusinessWire	1	0	0	0

(Quelle: Auswertung der Umfrageergebnisse)

11. Wöchentlicher Zeitaufwand für Aktualisierung und Pflege der internen Pressekontaktdaten

Frage 8

	DAX	Banken	
weniger als 1 Stunde	5	9	Annahme: Klassenmitte = Klassendurchschnitt
weniger als 3 Stunden	8	2	
weniger als 5 Stunden	2	1	Berechnung DAX
weniger als 10 Stunden	1	0	(0,5*C6+2*C7+4*C8+7,5*C9+12,5*C10)/C12
mehr als 10 Stunden	1	0	
Keine Angabe	1	1	Berechnung Banken
	17	12	(0,5*D6+2*D7+4*D8+7,5*D9+12,5*D10)/D12
	2,7	1,0	

(Quelle: Auswertung der Umfrageergebnisse)

12. Wöchentlicher Zeitaufwand für Aktualisierung und Pflege der externen Pressekontaktdaten

Frage 8

	DAX	Banken	
0 Stunden	1	3	Annahme: Klassenmitte = Klassendurchschnitt
weniger als 1/2 Stunde	4	2	
weniger als 1 Stunde	2	0	Berechnung wie oben
weniger als 2 Stunden	2	0	
mehr als 2 Stunden	5	1	
Keine Angabe	4	0	
	14	9	
	1,4	0,4	

(Quelle: Auswertung der Umfrageergebnisse)

13. Verantwortliche für die Pflege der Pressekontaktdaten

Frage 9

	DAX (13 Antworten; 1 keine Angabe)	Banken (9 Antworten; 1 keine Angabe)
Sekretärin	9	8
Spezieller Sachbearbeiter	8	6
Pressereferenten	7	7
Wechselnder Personenkreis	2	2
Keine Angabe	1	1

(Quelle: Auswertung der Umfrageergebnisse)

14. Entscheidungsträger bei der Auswahl eines Pressedatenbankanbieters

Frage 10

	DAX	Banken
Presseabteilung	9	9
IT-Organisation	4	4
Einkauf	3	3
Unternehmensleitung	0	0
Keine Angabe	0	2

(Quelle: Auswertung der Umfrageergebnisse)

15. Anforderungen an Pressekontaktdatenbanken

Frage 6

Umfang und Aktualität	wichtig + sehr wichtig zusammengefaßt					
	DAX	Banken	DAX	Banken	Differenz	
	18	13	in %	in %	in % Punkte	in %
Pressekontaktdaten von Fachmedien	14	12	77,78%	92,31%	14,53%	18,68%
Neben nationalen auch internationale Kontakte	15	9	83,33%	69,23%	-14,10%	-16,92%
Ergänzbar um Kontakte aus anderen Quellen	18	11	100,00%	84,62%	-15,38%	-15,38%
Feld für eigene Anmerkungen zum jeweiligen Journalisten	12	8	66,67%	61,54%	-5,13%	-7,69%
Kontaktdaten in PDA-Format	4	1	22,22%	7,69%	-14,53%	-65,38%
Tägliche Updates	6	7	33,33%	53,85%	20,51%	61,54%
Speicherung aller Korrespondenzen mit einem Journalisten	5	8	27,78%	61,54%	33,76%	121,54%
Individuelle Angaben zu einzelnen Journalisten	11	7	61,11%	53,85%	-7,26%	-11,89%
Verbreitungsgebiet	9	7	50,00%	53,85%	3,85%	7,69%

Aussendemanagement	wichtig + sehr wichtig zusammengefaßt					
	DAX	Banken	DAX	Banken	Differenz	
	18	13	in %	in %	in % Punkte	in %
Personalisierte Serien-E-Mails	14	10	77,78%	76,92%	-0,85%	-1,10%
Abwicklung von Veröffentlichungen	18	10	100,00%	76,92%	-23,08%	-23,08%
Kombinationen zwischen Personen und Verteilern	17	12	94,44%	92,31%	-2,14%	-2,26%
Benutzung des vom Empfänger bevorzugten	17	12	94,44%	92,31%	-2,14%	-2,26%

Wirtschaftlichkeit	wichtig + sehr wichtig zusammengefaßt					
	DAX	Banken	DAX	Banken	Differenz	
	18	13	in %	in %	in % Punkte	in %
Preis-Leistungsverhältnis	17	13	94,44%	100,00%	5,56%	5,88%

Anforderungen an die Software	wichtig + sehr wichtig zusammengefaßt					
	DAX	Banken	DAX	Banken	Differenz	
	18	13	in %	in %	in % Punkte	in %
Anpassung der Benutzeroberfläche an eigene Bedürfnisse	13	7	72,22%	53,85%	-18,38%	-25,44%
Sicherheitssystem mit Userberechtigung	15	10	83,33%	76,92%	-6,41%	-7,69%
Überschreib- oder Löschschutz	13	9	72,22%	69,23%	-2,99%	-4,14%
Benutzerfreundlichkeit	16	12	88,89%	92,31%	3,42%	3,85%
Schnelligkeit	17	13	94,44%	100,00%	5,56%	5,88%

(Quelle: Auswertung der Umfrageergebnisse)

16. Wichtigkeit von Extra- Leistungen

Frage 13

	DAX	Banken	DAX	Banken	Differenz	
	17	12	in %	in %	in % Punkte	in %
Media-Daten	8	10	47,06%	83,33%	36,27%	77,08%
Pressespiegel	10	5	58,82%	41,67%	-17,16%	-29,17%
Medienmonitoring	10	4	58,82%	33,33%	-25,49%	-43,33%
Rechercheaufträge	6	4	35,29%	33,33%	-1,96%	-5,56%
Verteilererstellung	9	5	52,94%	41,67%	-11,27%	-21,30%

Frage 14

	DAX	Banken
ja, aus einer Hand	4	3
nein, unterschiedliche Anbieter	11	6

(Quelle: Auswertung der Umfrageergebnisse)

17. Anforderungen der LBBW an Pressekontaktdatenbanken

Checkliste

Umfang und Aktualität der Pressekontaktdaten

- Wöchentliche Aktualisierung der Pressekontaktdaten
- Pressekontaktdaten primär deutscher Redaktionen
- Medienbranche, d.h. Journalistenkontakte, vereinzelt Kontaktdaten aus Politik
- Auch Pressekontakte von Fachmedien
- Ergänzbarkeit um Kontakte aus eigenen Quellen

Informationen zum einzelnen Pressekontakt

- Medium:
    - Chefredakteur
    - Verantwortliche Redakteure nach Ressorts und Homepage
    - Schwerpunkt bzw. thematische Ausrichtung
    - Auflage
    - Erscheinungstag
    - Verbreitungsgebiet
    - Leserstruktur
- Journalist:
    - Email
    - Adresse, einschließlich bevorzugter Versandadresse
    - Telefon, möglichst auch Mobiltelefon
    - Faxnummer der Abteilung
    - Schwerpunkt bzw. Arbeitsbereiche
    - Foto
- Feld für Anmerkungen und private Informationen

Funktionen zur Datenverwaltung

- Kontakthistorie
- Protokollierung der letzten Änderungen in der Adressdatenbank
- Ausdruck ausgewählter Felder eines Verteilers in Listenform

Checkliste Teil 2

Anforderungen an das Aussendemanagement

Verteilererstellung

- Umfangreiche Suchfunktionen nach Schlagworten; und/oder Verknüpfung von Vorteil

Versand

- Kombination zwischen Personen und Verteilern
- Serien E-Mails unter Benutzung des vom Empfänger bevorzugten Kanals
- Wechselbarer Absender beim Mail bzw. Faxversand
- Verschiedene Formatvorlagen für die einzelnen Absender
- Löschfunktion zur Vermeidung von mehrfachen Aussendungen
- Dublettensuche
- Ausdruck sämtlicher Adressen eines Verteilers auf Adressetiketten

Anforderungen an die Software und den Service

- Sicherheitssystem mit Userberechtigungen
- Automatische Benachrichtigung über Veränderungen in Redaktionen, die in einem Verteiler der LBBW erfasst sind
- Rechercheaufträge an den Datenbankanbieter
- Schulung der Mitarbeiter

18. Adressliste der aufgeführten Pressekontaktanbieter

Anbieter von Software in Kooperation mit Inhalteanbietern

Cision Deutschland GmbH
Stammheimer Str. 10; 70806 Kornwestheim
Tel. +49 7154 / 96 51-0; Fax +49 7154 / 96 51-11
E-Mail: info@de.cision.com

Convento GmbH
Oberstrasse 4; 41460 Neuss
Tel.: +49 (0)2131 / 200 900; Fax: +49 (0)2131 / 200 901
E-Mail: info@convento.de

Anbieter von Inhalten mit mehr oder weniger ausgefeilten Software- bzw. Online-Lösungen

hugin (ehemals directnews)
Tel.: +49 89 17 95 92 90
E-Mail: support@huginonline.de

Index Daten
Frimmelgasse 41, 1190 Wien
Tel. +43/1/3701577
E-Mail: redaktion@indexverlag.at

Kroll (KROLLcontent)
Gutenbergstr. 5, D-82205 Gilching
Telefon +49 (0) 8105/5051 oder -5052, Fax +49 (0) 8105/54 08
E-Mail: vertrieb@kroll-verlag.de

news aktuell (MEDIAtlas)
Mittelweg 144; 20148 Hamburg
Telefon +49 (0)40 4113-2850; Telefax +49 (0)40 4113-2855
info@newsaktuell.de

Oeckl (Oeckl adress Service)
Festland Verlag GmbH
Basteistraße 88, 53173 Bonn
T. +49-(0)228-362021; Fax +49-(0)228-351771
E-Mail: verlag@festland-verlag.de

Renteria (RenteriaOnline)
Edition Renteria SA
Hopfenstrasse 10; CH-8045 Zürich
Tel.: +41 (0)44 451 46 47; Fax: +41 (0)44 451 36 38
Email: contact@renteria.ch

Stamm (STAMM MediaDisk)
Goldammerweg 16; 45134 Essen
Tel. 0201/84300-0; Fax 0201/472590
E-Mail: info@stamm.de

Zimpel (Zimpel Online)
Abraham-Lincoln-Straße 46; 65189 Wiesbaden
Tel.: 0611 - 7878-0; Fax: 0611 - 7878-200
E-Mail: kundenservice@zimpel.de

Anbieter von Software ohne Kooperation mit Inhalteanbietern

EDV-Beratung Puff-Hippchen
An der evangelischen Kirche 4
53113 Bonn
Telefon (0228) 970 920
Fax (0228) 970 92 33
E-Mail: info@puff-hippchen.de

Dr. Lauer & Karrenbauer GmbH
Hochstraße 57
66115 Saarbrücken
Fon: 0681 94714-0
Fax: 0681 94714-500
http://www.ZAM.de
E-Mail: info@ZAM.de

TNCS Gesellschaft für Informations-Management mbH & Co.KG
Lambertstraße 8
55126 Mainz
Telefon: +49-6131-97106-0
E-Mail: info@tncs.de

Troi GmbH
Nymphenburger Straße 125
80636 München
Fon +49 (89) 30 90 51 95-200
Fax +49 (89) 30 90 51 95-13
E-Mail: info@troi.de
Internet: www.troi.de

Zimpel (Zimpel Online)
Abraham-Lincoln-Straße 46; 65189 Wiesbaden
Tel.: 0611 - 7878-0; Fax: 0611 - 7878-200
E-Mail: kundenservice@zimpel.de

Anbieter von Software ohne Kooperation mit Inhalteanbietern

EDV-Beratung Puff-Hippchen
An der evangelischen Kirche 4
53113 Bonn
Telefon (0228) 970 920
Fax (0228) 970 92 33
E-Mail: info@puff-hippchen.de

Dr. Lauer & Karrenbauer GmbH
Hochstraße 57
66115 Saarbrücken
Fon: 0681 94714-0
Fax: 0681 94714-500
http://www.ZAM.de
E-Mail: info@ZAM.de

TNCS Gesellschaft für Informations-Management mbH & Co.KG
Lambertstraße 8
55126 Mainz
Telefon: +49-6131-97106-0
E-Mail: info@tncs.de

Troi GmbH
Nymphenburger Straße 125
80636 München
Fon +49 (89) 30 90 51 95-200
Fax +49 (89) 30 90 51 95-13
E-Mail: info@troi.de
Internet: www.troi.de